Ivan Kouchnir

Économie d'Afrique de l'Est

Série "Economie dans les pays"

première publication: 2020
dernière mise à jour: 2021-01-21

Ivan Kouchnir. Économie d'Afrique de l'Est. Série "Economie dans les pays". - 2020. - 72 pages.

Ce livre sur l'économie d'Afrique de l'Est des années 1970 aux années 2010. Données source provenant de UN Data.

Taille. Dans les années 2010, le PIB d'Afrique de l'Est s'élevait à 314,4 milliards de dollars par an; la valeur de l'agriculture était de 77,2 milliards de dollars; la valeur de l'industrie était de 44,9 milliards de dollars.

Productivité. Dans les années 2010, le produit intérieur brut par habitant était de 818,3 dollars; l'agriculture par habitant était de 200,8 dollars; l'industrie par habitant était de 116,9 dollars. Étant donné que la productivité est inférieure à la moyenne inférieure à la moyenne, l'économie est classée comme moins développée.

Croissance. Dans les années 2010, la croissance du produit intérieur brut était de 6,1%; la croissance de l'agriculture était de 4,2%; la croissance de l'industrie était de 5,4%.

Structure. Dans les années 2010, l'économie d'Afrique de l'Est était composée des secteurs suivants: agriculture (32,2%), services (23,8%), industrie (21,1%), commerce (12,6%), transport (6,6%), construction (3,8%).

Exportation et importation. Dans les années 2010, les importations étaient supérieures de 57,8% aux exportations, les importations nettes représentant 12,7% du PIB.

Consommation et reproduction. L'attitude de la reproduction à l'égard de la consommation est meilleure que la moyenne mondiale, de sorte que la part du PIB dans le monde augmentera.

Série "Economie dans les pays": parallel.page.link/fr

© Ivan Kouchnir, 2020

Tous les droits sont réservés.

ISBN: 9798613047901

Contenu

Partie I. Taille	4
Chapitre I. Produit intérieur brut	5
Chapitre II. Valeur ajoutée	9
Chapitre III. Revenu national brut	13
Partie II. Structure	17
Chapitre IV. Agriculture	18
Chapitre V. Industrie	22
Chapitre 5.1. Fabrication	26
Chapitre VI. Construction	31
Chapitre VII. Transport	35
Chapitre VIII. Commerce	39
Chapitre IX. Services	43
Partie III. Relations extérieures	47
Chapitre X. Exportations	48
Chapitre XI. Importations	52
Partie IV. Consommation	56
Chapitre XII. Dépenses publiques	57
Chapitre XIII. Dépenses ménagères	61
Chapitre XIV. Consommation de nourriture	65
Partie V. Reproduction	68
Chapitre XV. Formation de capital fixe	69

Partie I. Taille

	Les années 2010
PIB	314,4 milliards de dollars
Partager dans le monde	0,40%
Partager en Afrique	13,6%

Chapitre I. Produit intérieur brut

Le PIB d'Afrique de l'Est est passé de 34,1 milliards de dollars par an dans les années 1970 à 314,4 milliards de dollars par an dans les années 2010, c'est-à-dire 280,2 milliards de dollars ou de 9,2 fois. La variation a été de 148,5 milliards de dollars en raison de l'augmentation de 1,9 fois des prix, et de 57,2 milliards de dollars en raison de la croissance de productivité de 1,5 fois, et de 74,5 milliards de dollars en raison de la croissance démographique. La croissance annuelle moyenne du PIB était de 4,1%. La valeur minimale était de 19,5 milliards de dollars en 1970. La valeur maximale était de 408,0 milliards de dollars en 2019.

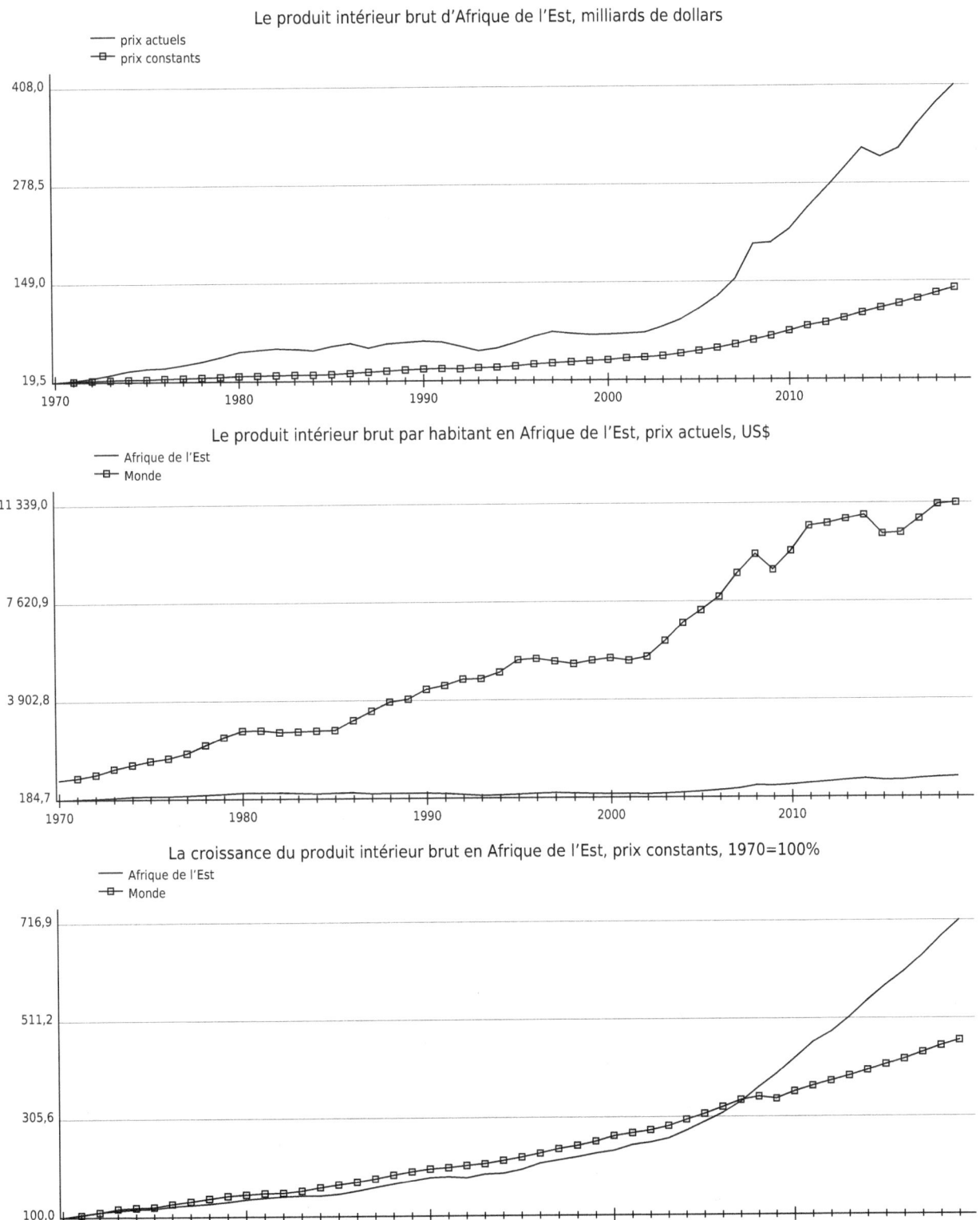

Les années 1970

Le produit intérieur brut d'Afrique de l'Est était de 34,1 milliards de dollars par an dans les années 1970 à égalité avec la Yougoslavie (33,7 milliards de dollars), l'Indonésie (33,7 milliards de dollars), les Caraïbes (33,4 milliards de dollars). La part dans le monde était de 0,52% et de 12,8% en Afrique.

Le produit intérieur brut d'Afrique de l'Est était constitué des dépenses ménagères (69,8%), des dépenses publiques (20,1%) et de la formation de capital (17,1%).

Le PIB par habitant en Afrique de l'Est était de 282.8 dollars dans les années 1970, à égalité avec la République centrafricaine (285,2 de dollars), le Sri Lanka (277,4 de dollars). Le produit intérieur brut par habitant en Afrique de l'Est était 5,7 fois inférieur le produit intérieur brut par habitant au Monde (1 620,8 US$), et 2,3 fois inférieur le produit intérieur brut par habitant en Afrique (648,3 US$).

La croissance du PIB en Afrique de l'Est était de 3% dans les années 1970, à égalité avec le Laos (3,0%), la Guinée (3,0%), l'Afrique du Sud (3,0%). La croissance du produit intérieur brut en Afrique de l'Est (3,0%) a été inférieure à celle du monde (4,1%), et inférieure à celle de l'Afrique (4,5%).

Comparaison avec les sous-régions. Le produit intérieur brut d'Afrique de l'Est était supérieur à celui de l'Afrique centrale (21,8 milliards de dollars); mais inférieur à celui de l'Afrique de l'Ouest (113,3 milliards de dollars), de l'Afrique du Nord (60,0 milliards de dollars) et de l'Afrique australe (36,8 milliards de dollars). Le PIB par habitant en Afrique de l'Est était inférieur à celui de l'Afrique australe (1 304,3 de dollars), de l'Afrique de l'Ouest (949,9 de dollars), de l'Afrique du Nord (621,6 de dollars) et de l'Afrique centrale (479,8 de dollars). La croissance du PIB en Afrique de l'Est était supérieure à celle de l'Afrique centrale (1,5%); mais inférieure à celle de l'Afrique du Nord (6,7%), de l'Afrique de l'Ouest (5,0%) et de l'Afrique australe (3,1%).

Les leaders. Le produit intérieur brut d'Afrique de l'Est dans les années 1970 comprenait: Mozambique (16,5%), Kenya (14,7%), Tanzanie (13,3%), Zimbabwe (13,3%), Éthiopie (11,4%), autres (30,8%). Le produit intérieur brut par habitant en Afrique de l'Est parmi les leaders: Zimbabwe (732,8 US$), Mozambique (558,2 US$), Kenya (373,2 US$), Tanzanie (290,6 US$), Éthiopie (116,4 US$). La croissance du produit intérieur brut en Afrique de l'Est parmi les leaders: Kenya (5,2%), Mozambique (3,9%), Tanzanie (3,7%), Éthiopie (2,3%), Zimbabwe (1,9%).

Les années 1980

Le produit intérieur brut d'Afrique de l'Est était de 64,1 milliards de dollars par an dans les années 1980 à égalité avec le Venezuela (62,8 milliards de dollars). La part dans le monde était de 0,42% et de 11,9% en Afrique.

Le PIB d'Afrique de l'Est était constitué des dépenses ménagères (71,3%), des dépenses publiques (19,9%) et de la formation de capital (15,8%).

Le produit intérieur brut par habitant en Afrique de l'Est était de 394.7 dollars dans les années 1980, à égalité avec l'Asie du Sud (401,2 de dollars). Le produit intérieur brut par habitant en Afrique de l'Est était 7,9 fois inférieur le PIB par habitant au Monde (3 123,4 US$), et 2,5 fois inférieur le produit intérieur brut par habitant en Afrique (993,3 US$).

La croissance du produit intérieur brut en Afrique de l'Est était de 2.9% dans les années 1980, à égalité avec Micronésie (2,9%), la Guinée (2,9%), le Brésil (2,9%). La croissance du produit intérieur brut en Afrique de l'Est (2,9%) a été inférieure à celle du monde (3,0%), et supérieure à celle de l'Afrique (1,8%).

Comparaison avec les sous-régions. Le PIB d'Afrique de l'Est était supérieur à celui de l'Afrique centrale (39,3 milliards de dollars); mais inférieur à celui de l'Afrique de l'Ouest (203,7 milliards de dollars), de l'Afrique du Nord (143,4 milliards de dollars) et de l'Afrique australe (87,6 milliards de dollars). Le produit intérieur brut par habitant en Afrique de l'Est était inférieur à celui de l'Afrique australe (2 386,9 de dollars), de l'Afrique de l'Ouest (1 304,2 de dollars), de l'Afrique du Nord (1 136,5 de dollars) et de l'Afrique centrale (652,3 de dollars). La croissance du PIB en Afrique de l'Est était supérieure à celle de l'Afrique centrale (2,4%), de l'Afrique australe (2,4%), de l'Afrique du Nord (2,2%) et de l'Afrique de l'Ouest (0,40%).

Les leaders. Le produit intérieur brut d'Afrique de l'Est dans les années 1980 comprenait: Kenya (16,3%), Zimbabwe (15,6%), Tanzanie (13,8%), Éthiopie (13,3%), Mozambique (9,8%), autres (31,2%). Le PIB par habitant en Afrique de l'Est parmi les leaders: Zimbabwe (1 142,3 US$), Kenya (535,2 US$), Mozambique (501,2 US$), Tanzanie (414,2 US$), Éthiopie (201,4 US$). La croissance du PIB en Afrique de l'Est parmi les leaders: Zimbabwe (4,7%), Kenya (4,4%), Tanzanie (2,3%), Éthiopie (2,3%), Mozambique (-0,18%).

Les années 1990

Chapitre I. Produit intérieur brut

Le produit intérieur brut d'Afrique de l'Est était de 71,8 milliards de dollars par an dans les années 1990 à égalité avec les Philippines (71,0 milliards de dollars), Singapour (72,7 milliards de dollars), la Malaisie (73,5 milliards de dollars). La part dans le monde était de 0,25% et de 12,2% en Afrique.

Le PIB d'Afrique de l'Est était constitué des dépenses ménagères (73,0%), de la formation de capital (19,1%) et des dépenses publiques (15,0%).

Le PIB par habitant en Afrique de l'Est était de 332.4 dollars dans les années 1990. Le produit intérieur brut par habitant en Afrique de l'Est était 15,1 fois inférieur le produit intérieur brut par habitant au Monde (5 020,1 US$), et 2,5 fois inférieur le PIB par habitant en Afrique (833,3 US$).

La croissance du PIB en Afrique de l'Est était de 2.8% dans les années 1990, à égalité avec le Monde (2,8%), le Tchad (2,9%). La croissance du PIB en Afrique de l'Est (2,8%) a été supérieure à celle du monde (2,8%), et supérieure à celle de l'Afrique (2,4%).

Comparaison avec les sous-régions. Le produit intérieur brut d'Afrique de l'Est était supérieur à celui de l'Afrique centrale (45,9 milliards de dollars); mais inférieur à celui de l'Afrique du Nord (210,1 milliards de dollars), de l'Afrique australe (150,1 milliards de dollars) et de l'Afrique de l'Ouest (112,3 milliards de dollars). Le produit intérieur brut par habitant en Afrique de l'Est était inférieur à celui de l'Afrique australe (3 217,4 de dollars), de l'Afrique du Nord (1 315,9 de dollars), de l'Afrique centrale (558,2 de dollars) et de l'Afrique de l'Ouest (551,5 de dollars). La croissance du PIB en Afrique de l'Est était supérieure à celle de l'Afrique de l'Ouest (2,5%), de l'Afrique australe (1,6%) et de l'Afrique centrale (-0,36%); mais inférieure à celle de l'Afrique du Nord (3,3%).

Les leaders. Le PIB d'Afrique de l'Est dans les années 1990 comprenait: Kenya (17,8%), Zimbabwe (16,0%), Éthiopie (12,3%), Tanzanie (11,8%), Ouganda (8,1%), autres (34,0%). Le PIB par habitant en Afrique de l'Est parmi les leaders: Zimbabwe (1 019,5 US$), Kenya (467,1 US$), Tanzanie (290,7 US$), Ouganda (290,2 US$), Éthiopie (157,0 US$). La croissance du PIB en Afrique de l'Est parmi les leaders: Ouganda (7,1%), Tanzanie (4,3%), Kenya (2,2%), Zimbabwe (2,0%), Éthiopie (1,5%).

Les années 2000

Le PIB d'Afrique de l'Est était de 122,4 milliards de dollars par an dans les années 2000 à égalité avec le Chili (119,9 milliards de dollars). La part dans le monde était de 0,26% et de 11,0% en Afrique.

Le produit intérieur brut d'Afrique de l'Est était constitué des dépenses ménagères (73,1%), de la formation de capital (22,8%) et des dépenses publiques (13,4%).

Le PIB par habitant en Afrique de l'Est était de 428.9 dollars dans les années 2000, à égalité avec la Guinée-Bissau (429,2 de dollars). Le PIB par habitant en Afrique de l'Est était 16,7 fois inférieur le produit intérieur brut par habitant au Monde (7 176,3 US$), et 2,9 fois inférieur le PIB par habitant en Afrique (1 228,8 US$).

La croissance du produit intérieur brut en Afrique de l'Est était de 5.5% dans les années 2000, à égalité avec le Panama (5,6%), les Îles Turks-et-Caïcos (5,6%), Cuba (5,6%). La croissance du produit intérieur brut en Afrique de l'Est (5,5%) a été supérieure à celle du monde (3,0%), et supérieure à celle de l'Afrique (5,1%).

Comparaison avec les sous-régions. Le produit intérieur brut d'Afrique de l'Est était supérieur à celui de l'Afrique centrale (100,3 milliards de dollars); mais inférieur à celui de l'Afrique du Nord (386,0 milliards de dollars), de l'Afrique de l'Ouest (267,1 milliards de dollars) et de l'Afrique australe (238,1 milliards de dollars). Le produit intérieur brut par habitant en Afrique de l'Est était inférieur à celui de l'Afrique australe (4 376,0 de dollars), de l'Afrique du Nord (2 027,6 de dollars), de l'Afrique de l'Ouest (1 007,0 de dollars) et de l'Afrique centrale (904,8 de dollars). La croissance du PIB en Afrique de l'Est était supérieure à celle de l'Afrique du Nord (4,9%) et de l'Afrique australe (3,6%); mais inférieure à celle de l'Afrique centrale (6,5%) et de l'Afrique de l'Ouest (5,8%).

Les leaders. Le produit intérieur brut d'Afrique de l'Est dans les années 2000 comprenait: Kenya (19,0%), Tanzanie (15,3%), Éthiopie (11,6%), Ouganda (9,3%), Zambie (7,5%), autres (37,4%). Le PIB par habitant en Afrique de l'Est parmi les leaders: Zambie (778,2 US$), Kenya (640,5 US$), Tanzanie (491,8 US$), Ouganda (417,3 US$), Éthiopie (188,0 US$). La croissance du PIB en Afrique de l'Est parmi les leaders: Éthiopie (8,0%), Ouganda (7,5%), Zambie (6,8%), Tanzanie (6,4%), Kenya (3,6%).

Les années 2010

Le produit intérieur brut d'Afrique de l'Est était de 314,4 milliards de dollars par an dans les années 2010 à égalité avec Singapour (315,0 milliards de dollars), la Malaisie (317,4 milliards de dollars), d'Israël (309,3 milliards de dollars). La part dans le monde était de 0,40% et de 13,6% en Afrique.

Le PIB d'Afrique de l'Est était constitué des dépenses ménagères (72,2%), de la formation de capital (27,7%) et des dépenses publiques (13,1%).

Le produit intérieur brut par habitant en Afrique de l'Est était de 818.3 dollars dans les années 2010, à égalité avec le Mali (815,6 de dollars). Le PIB par habitant en Afrique de l'Est était 13,0 fois inférieur le produit intérieur brut par habitant au Monde (10 603,1 US$), et 2,4 fois inférieur le PIB par habitant en Afrique (1 979,5 US$).

La croissance du produit intérieur brut en Afrique de l'Est était de 6.1% dans les années 2010, à égalité avec le Panama (6,2%). La croissance du PIB en Afrique de l'Est (6,1%) a été supérieure à celle du monde (3,1%), et supérieure à celle de l'Afrique (2,9%).

Comparaison avec les sous-régions. Le PIB d'Afrique de l'Est était 29,4% supérieur à celui de l'Afrique centrale (243,0 milliards de dollars); mais 2,3 fois inférieur à celui de l'Afrique du Nord (712,8 milliards de dollars), 2,1 fois inférieur à celui de l'Afrique de l'Ouest (648,7 milliards de dollars) et 20,1% inférieur à celui de l'Afrique australe (393,7 milliards de dollars). Le PIB par habitant en Afrique de l'Est était 7,7 fois inférieur à celui de l'Afrique australe (6 298,2 de dollars), 3,9 fois inférieur à celui de l'Afrique du Nord (3 219,8 de dollars), 2,3 fois inférieur à celui de l'Afrique de l'Ouest (1 864,5 de dollars) et 48,7% inférieur à celui de l'Afrique centrale (1 595,9 de dollars). La croissance du produit intérieur brut en Afrique de l'Est était supérieure à celle de l'Afrique de l'Ouest (3,6%), de l'Afrique centrale (2,8%), de l'Afrique australe (1,9%) et de l'Afrique du Nord (1,6%).

Les leaders. Le produit intérieur brut d'Afrique de l'Est dans les années 2010 comprenait: Kenya (20,5%), Éthiopie (18,6%), Tanzanie (15,3%), Ouganda (8,2%), Zambie (7,7%), autres (29,7%). Le PIB par habitant en Afrique de l'Est parmi les leaders: Zambie (1 538,7 US$), Kenya (1 362,6 US$), Tanzanie (946,0 US$), Ouganda (683,3 US$), Éthiopie (587,0 US$). La croissance du produit intérieur brut en Afrique de l'Est parmi les leaders: Éthiopie (9,8%), Tanzanie (6,6%), Kenya (5,8%), Ouganda (5,4%), Zambie (4,9%).

Chapitre II. Valeur ajoutée

La valeur ajoutée d'Afrique de l'Est est passé de 32,4 milliards de dollars par an dans les années 1970 à 291,4 milliards de dollars par an dans les années 2010, c'est-à-dire 259,1 milliards de dollars ou de 9,0 fois. La variation a été de 138,0 milliards de dollars en raison de l'augmentation de 1,9 fois des prix, et de 50,4 milliards de dollars en raison de la croissance de productivité de 1,5 fois, et de 70,6 milliards de dollars en raison de la croissance démographique. La croissance annuelle moyenne de la valeur ajoutée était de 4,1%. La valeur minimale était de 18,5 milliards de dollars en 1970. La valeur maximale était de 379,2 milliards de dollars en 2019.

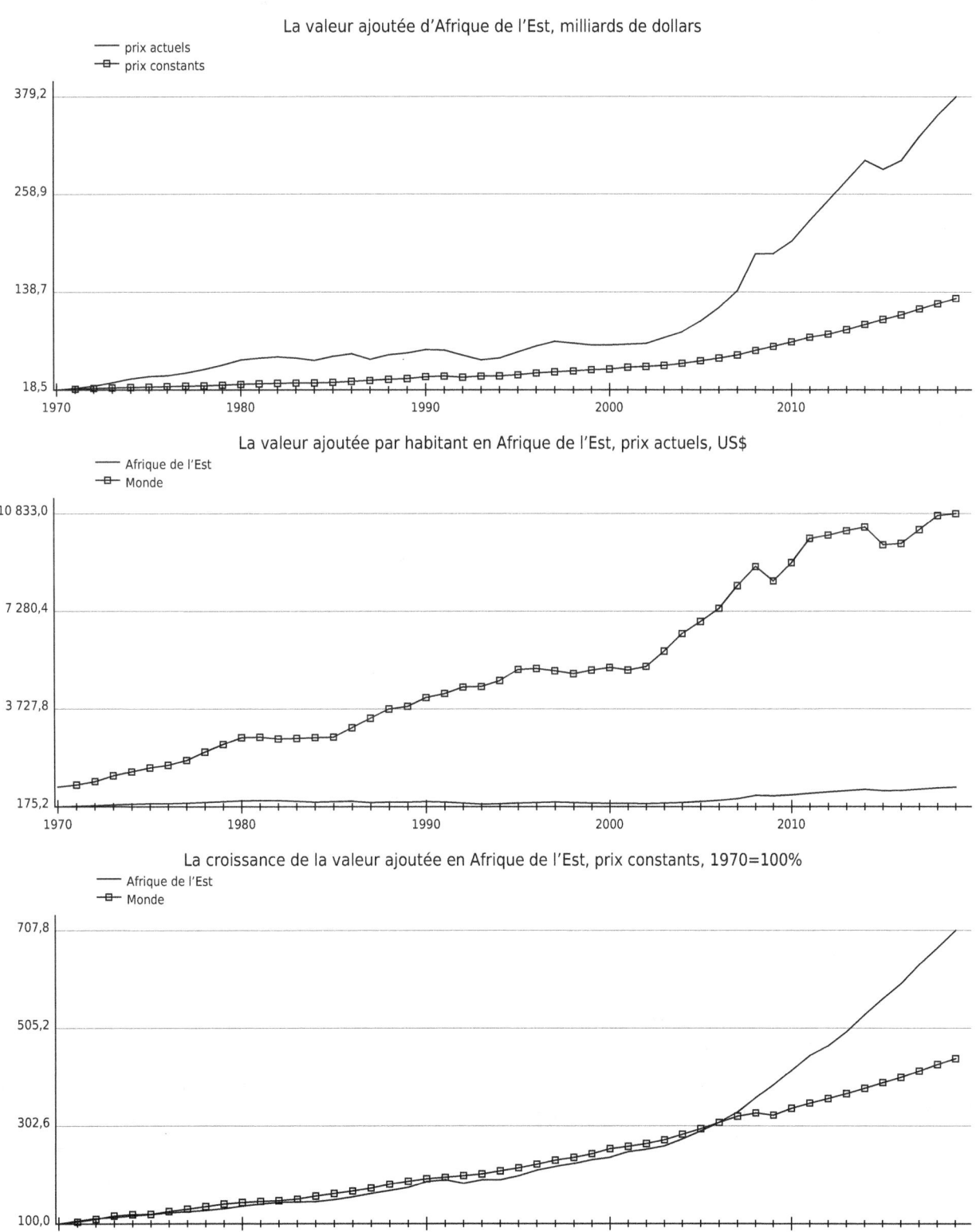

Les années 1970

La valeur ajoutée d'Afrique de l'Est était de 32,4 milliards de dollars par an dans les années 1970 à égalité avec l'Afrique du Sud (32,7 milliards de dollars). La part dans le monde était de 0,51% et de 12,7% en Afrique.

La valeur ajoutée totale d'Afrique de l'Est était constituée de: agriculture (32,2%), services (23,8%), industrie (21,1%), commerce (12,6%), transport (6,6%), construction (3,8%).

La valeur ajoutée par habitant en Afrique de l'Est était de 268.1 dollars dans les années 1970, à égalité avec la Tanzanie (270,4 de dollars). La valeur ajoutée par habitant en Afrique de l'Est était 5,8 fois inférieure la valeur ajoutée par habitant au Monde (1 564,4 US$), et 2,3 fois inférieure la valeur ajoutée par habitant en Afrique (619,0 US$).

La croissance de la valeur ajoutée en Afrique de l'Est était de 3.1% dans les années 1970, à égalité avec le Liechtenstein (3,0%), la Mélanésie (3,1%). La croissance de la valeur ajoutée en Afrique de l'Est (3,1%) a été inférieure à celle du monde (3,9%), et inférieure à celle de l'Afrique (4,9%).

Comparaison avec les sous-régions. La valeur ajoutée d'Afrique de l'Est était supérieure à celle de l'Afrique centrale (21,4 milliards de dollars); mais inférieure à celle de l'Afrique de l'Ouest (109,0 milliards de dollars), de l'Afrique du Nord (56,8 milliards de dollars) et de l'Afrique australe (34,4 milliards de dollars). La valeur ajoutée par habitant en Afrique de l'Est était inférieure à celle de l'Afrique australe (1 220,6 de dollars), de l'Afrique de l'Ouest (914,0 de dollars), de l'Afrique du Nord (588,7 de dollars) et de l'Afrique centrale (470,6 de dollars). La croissance de la valeur ajoutée en Afrique de l'Est était supérieure à celle de l'Afrique australe (2,7%) et de l'Afrique centrale (1,4%); mais inférieure à celle de l'Afrique du Nord (6,7%) et de l'Afrique de l'Ouest (6,1%).

Les leaders. La valeur ajoutée d'Afrique de l'Est dans les années 1970 comprenait: Mozambique (16,0%), Kenya (15,1%), Zimbabwe (13,6%), Tanzanie (13,1%), Éthiopie (11,0%), autres (31,3%). La valeur ajoutée par habitant en Afrique de l'Est parmi les leaders: Zimbabwe (707,2 US$), Mozambique (513,8 US$), Kenya (363,6 US$), Tanzanie (270,4 US$), Éthiopie (106,4 US$). La croissance de la valeur ajoutée en Afrique de l'Est parmi les leaders: Kenya (5,6%), Mozambique (3,9%), Tanzanie (3,5%), Éthiopie (2,3%), Zimbabwe (1,7%).

Les années 1980

La valeur ajoutée d'Afrique de l'Est était de 58,7 milliards de dollars par an dans les années 1980 à égalité avec la Grèce (57,3 milliards de dollars). La part dans le monde était de 0,40% et de 11,4% en Afrique.

La valeur ajoutée totale d'Afrique de l'Est était constituée de: agriculture (31,7%), services (25,6%), industrie (18,9%), commerce (13,9%), transport (6,6%), construction (3,2%).

La valeur ajoutée par habitant en Afrique de l'Est était de 361.3 dollars dans les années 1980, à égalité avec d'Haïti (364,0 de dollars), le Soudan (358,3 de dollars), l'Asie du Sud (366,2 de dollars). La valeur ajoutée par habitant en Afrique de l'Est était 8,4 fois inférieure la valeur ajoutée par habitant au Monde (3 029,9 US$), et 2,6 fois inférieure la valeur ajoutée par habitant en Afrique (948,7 US$).

La croissance de la valeur ajoutée en Afrique de l'Est était de 2.9% dans les années 1980, à égalité avec Micronésie (2,9%), l'Équateur (2,9%), le Monde (2,9%). La croissance de la valeur ajoutée en Afrique de l'Est (2,9%) a été inférieure à celle du monde (2,9%), et supérieure à celle de l'Afrique (1,2%).

Comparaison avec les sous-régions. La valeur ajoutée d'Afrique de l'Est était supérieure à celle de l'Afrique centrale (38,6 milliards de dollars); mais inférieure à celle de l'Afrique de l'Ouest (199,6 milliards de dollars), de l'Afrique du Nord (136,8 milliards de dollars) et de l'Afrique australe (80,2 milliards de dollars). La valeur ajoutée par habitant en Afrique de l'Est était inférieure à celle de l'Afrique australe (2 186,7 de dollars), de l'Afrique de l'Ouest (1 278,1 de dollars), de l'Afrique du Nord (1 084,0 de dollars) et de l'Afrique centrale (640,6 de dollars). La croissance de la valeur ajoutée en Afrique de l'Est était supérieure à celle de l'Afrique australe (2,5%), de l'Afrique centrale (2,4%), de l'Afrique du Nord (1,4%) et de l'Afrique de l'Ouest (-0,53%).

Les leaders. La valeur ajoutée d'Afrique de l'Est dans les années 1980 comprenait: Kenya (17,1%), Zimbabwe (15,9%), Tanzanie (14,1%), Éthiopie (10,9%), Mozambique (10,2%), autres (31,7%). La valeur ajoutée par habitant en Afrique de l'Est parmi les leaders: Zimbabwe (1 067,8 US$), Kenya (511,7 US$), Mozambique (481,5 US$), Tanzanie (387,6 US$), Éthiopie (151,5 US$). La croissance de la valeur ajoutée en Afrique de l'Est parmi les leaders: Kenya (4,5%), Zimbabwe (3,4%), Éthiopie (2,5%), Tanzanie (2,3%), Mozambique (-0,44%).

Les années 1990

Chapitre II. Valeur ajoutée

La valeur ajoutée d'Afrique de l'Est était de 67,2 milliards de dollars par an dans les années 1990 à égalité avec le Venezuela (66,9 milliards de dollars), Singapour (68,5 milliards de dollars). La part dans le monde était de 0,25% et de 12,0% en Afrique.

La valeur ajoutée totale d'Afrique de l'Est était constituée de: agriculture (30,6%), services (25,3%), industrie (17,1%), commerce (16,1%), transport (7,4%), construction (3,6%).

La valeur ajoutée par habitant en Afrique de l'Est était de 311.3 dollars dans les années 1990, à égalité avec le Burkina Faso (305,8 de dollars), le Bangladesh (304,2 de dollars). La valeur ajoutée par habitant en Afrique de l'Est était 15,4 fois inférieure la valeur ajoutée par habitant au Monde (4 799,9 US$), et 2,5 fois inférieure la valeur ajoutée par habitant en Afrique (793,2 US$).

La croissance de la valeur ajoutée en Afrique de l'Est était de 2.9% dans les années 1990, à égalité avec les Philippines (2,9%). La croissance de la valeur ajoutée en Afrique de l'Est (2,9%) a été supérieure à celle du monde (2,7%), et supérieure à celle de l'Afrique (2,3%).

Comparaison avec les sous-régions. La valeur ajoutée d'Afrique de l'Est était supérieure à celle de l'Afrique centrale (45,5 milliards de dollars); mais inférieure à celle de l'Afrique du Nord (202,1 milliards de dollars), de l'Afrique australe (137,2 milliards de dollars) et de l'Afrique de l'Ouest (109,8 milliards de dollars). La valeur ajoutée par habitant en Afrique de l'Est était inférieure à celle de l'Afrique australe (2 940,0 de dollars), de l'Afrique du Nord (1 265,9 de dollars), de l'Afrique centrale (552,7 de dollars) et de l'Afrique de l'Ouest (539,3 de dollars). La croissance de la valeur ajoutée en Afrique de l'Est était supérieure à celle de l'Afrique de l'Ouest (2,5%), de l'Afrique australe (1,5%) et de l'Afrique centrale (-0,78%); mais inférieure à celle de l'Afrique du Nord (3,1%).

Les leaders. La valeur ajoutée d'Afrique de l'Est dans les années 1990 comprenait: Kenya (17,6%), Zimbabwe (16,2%), Éthiopie (12,5%), Tanzanie (12,3%), Ouganda (8,1%), autres (33,4%). La valeur ajoutée par habitant en Afrique de l'Est parmi les leaders: Zimbabwe (967,7 US$), Kenya (431,0 US$), Tanzanie (283,5 US$), Ouganda (270,4 US$), Éthiopie (149,7 US$). La croissance de la valeur ajoutée en Afrique de l'Est parmi les leaders: Ouganda (6,6%), Tanzanie (4,6%), Éthiopie (3,5%), Zimbabwe (2,6%), Kenya (1,4%).

Les années 2000

La valeur ajoutée d'Afrique de l'Est était de 112,9 milliards de dollars par an dans les années 2000 à égalité avec les Philippines (113,1 milliards de dollars). La part dans le monde était de 0,25% et de 10,7% en Afrique.

La valeur ajoutée totale d'Afrique de l'Est était constituée de: services (27,5%), agriculture (26,6%), industrie (16,5%), commerce (15,0%), transport (8,8%), construction (5,5%).

La valeur ajoutée par habitant en Afrique de l'Est était de 395.5 dollars dans les années 2000, à égalité avec l'Ouganda (388,3 de dollars). La valeur ajoutée par habitant en Afrique de l'Est était 17,2 fois inférieure la valeur ajoutée par habitant au Monde (6 818,0 US$), et 2,9 fois inférieure la valeur ajoutée par habitant en Afrique (1 165,9 US$).

La croissance de la valeur ajoutée en Afrique de l'Est était de 5.2% dans les années 2000, à égalité avec le Maroc (5,2%), le Guyana (5,3%). La croissance de la valeur ajoutée en Afrique de l'Est (5,2%) a été supérieure à celle du monde (2,9%), et supérieure à celle de l'Afrique (4,9%).

Comparaison avec les sous-régions. La valeur ajoutée d'Afrique de l'Est était supérieure à celle de l'Afrique centrale (98,3 milliards de dollars); mais inférieure à celle de l'Afrique du Nord (370,7 milliards de dollars), de l'Afrique de l'Ouest (259,7 milliards de dollars) et de l'Afrique australe (215,3 milliards de dollars). La valeur ajoutée par habitant en Afrique de l'Est était inférieure à celle de l'Afrique australe (3 957,4 de dollars), de l'Afrique du Nord (1 947,7 de dollars), de l'Afrique de l'Ouest (979,0 de dollars) et de l'Afrique centrale (886,2 de dollars). La croissance de la valeur ajoutée en Afrique de l'Est était supérieure à celle de l'Afrique du Nord (4,6%) et de l'Afrique australe (3,5%); mais inférieure à celle de l'Afrique centrale (6,2%) et de l'Afrique de l'Ouest (5,7%).

Les leaders. La valeur ajoutée d'Afrique de l'Est dans les années 2000 comprenait: Kenya (18,6%), Tanzanie (15,5%), Éthiopie (11,8%), Ouganda (9,4%), Zambie (7,6%), autres (37,0%). La valeur ajoutée par habitant en Afrique de l'Est parmi les leaders: Zambie (733,9 US$), Kenya (579,5 US$), Tanzanie (458,5 US$), Ouganda (388,3 US$), Éthiopie (176,9 US$). La croissance de la valeur ajoutée en Afrique de l'Est parmi les leaders: Éthiopie (7,6%), Zambie (6,6%), Tanzanie (6,3%), Ouganda (6,2%), Kenya (3,1%).

Les années 2010

La valeur ajoutée d'Afrique de l'Est était de 291,4 milliards de dollars par an dans les années 2010 à égalité avec Hong Kong (291,7 milliards de dollars), le Danemark (289,9 milliards de dollars), le Venezuela (286,1 milliards de dollars). La part dans le monde était de

0,39% et de 13,2% en Afrique.

La valeur ajoutée totale d'Afrique de l'Est était constituée de: agriculture (26,5%), services (26,3%), industrie (15,4%), commerce (15,1%), transport (8,4%), construction (8,3%).

La valeur ajoutée par habitant en Afrique de l'Est était de 758.6 dollars dans les années 2010, à égalité avec le Mali (758,1 de dollars), d'Haïti (743,9 de dollars). La valeur ajoutée par habitant en Afrique de l'Est était 13,3 fois inférieure la valeur ajoutée par habitant au Monde (10 094,6 US$), et 2,5 fois inférieure la valeur ajoutée par habitant en Afrique (1 886,4 US$).

La croissance de la valeur ajoutée en Afrique de l'Est était de 6.2% dans les années 2010, à égalité avec le Panama (6,2%). La croissance de la valeur ajoutée en Afrique de l'Est (6,2%) a été supérieure à celle du monde (3,1%), et supérieure à celle de l'Afrique (2,7%).

Comparaison avec les sous-régions. La valeur ajoutée d'Afrique de l'Est était 22,7% supérieure à celle de l'Afrique centrale (237,6 milliards de dollars); mais 2,4 fois inférieure à celle de l'Afrique du Nord (691,4 milliards de dollars), 2,2 fois inférieure à celle de l'Afrique de l'Ouest (629,4 milliards de dollars) et 17,7% inférieure à celle de l'Afrique australe (354,1 milliards de dollars). La valeur ajoutée par habitant en Afrique de l'Est était 7,5 fois inférieure à celle de l'Afrique australe (5 665,2 de dollars), 4,1 fois inférieure à celle de l'Afrique du Nord (3 122,9 de dollars), 2,4 fois inférieure à celle de l'Afrique de l'Ouest (1 809,1 de dollars) et 2,1 fois inférieure à celle de l'Afrique centrale (1 560,1 de dollars). La croissance de la valeur ajoutée en Afrique de l'Est était supérieure à celle de l'Afrique de l'Ouest (3,2%), de l'Afrique centrale (2,9%), de l'Afrique australe (1,9%) et de l'Afrique du Nord (1,3%).

Les leaders. La valeur ajoutée d'Afrique de l'Est dans les années 2010 comprenait: Kenya (20,6%), Éthiopie (18,8%), Tanzanie (15,2%), Ouganda (8,2%), Zambie (7,8%), autres (29,3%). La valeur ajoutée par habitant en Afrique de l'Est parmi les leaders: Zambie (1 454,2 US$), Kenya (1 270,5 US$), Tanzanie (871,6 US$), Ouganda (631,7 US$), Éthiopie (550,6 US$). La croissance de la valeur ajoutée en Afrique de l'Est parmi les leaders: Éthiopie (10,1%), Tanzanie (6,8%), Kenya (5,8%), Ouganda (5,7%), Zambie (4,4%).

Chapitre III. Revenu national brut

Le revenu national brut d'Afrique de l'Est est passé de 33,2 milliards de dollars par an dans les années 1970 à 310,7 milliards de dollars par an dans les années 2010, c'est-à-dire 277,5 milliards de dollars ou de 9,4 fois. La variation a été de 146,9 milliards de dollars en raison de l'augmentation de 1,9 fois des prix, et de 58,1 milliards de dollars en raison de la croissance de productivité de 1,5 fois, et de 72,5 milliards de dollars en raison de la croissance démographique. La croissance annuelle moyenne du revenu national brut était de 4,1%. La valeur minimale était de 19,2 milliards de dollars en 1970. La valeur maximale était de 400,7 milliards de dollars en 2019.

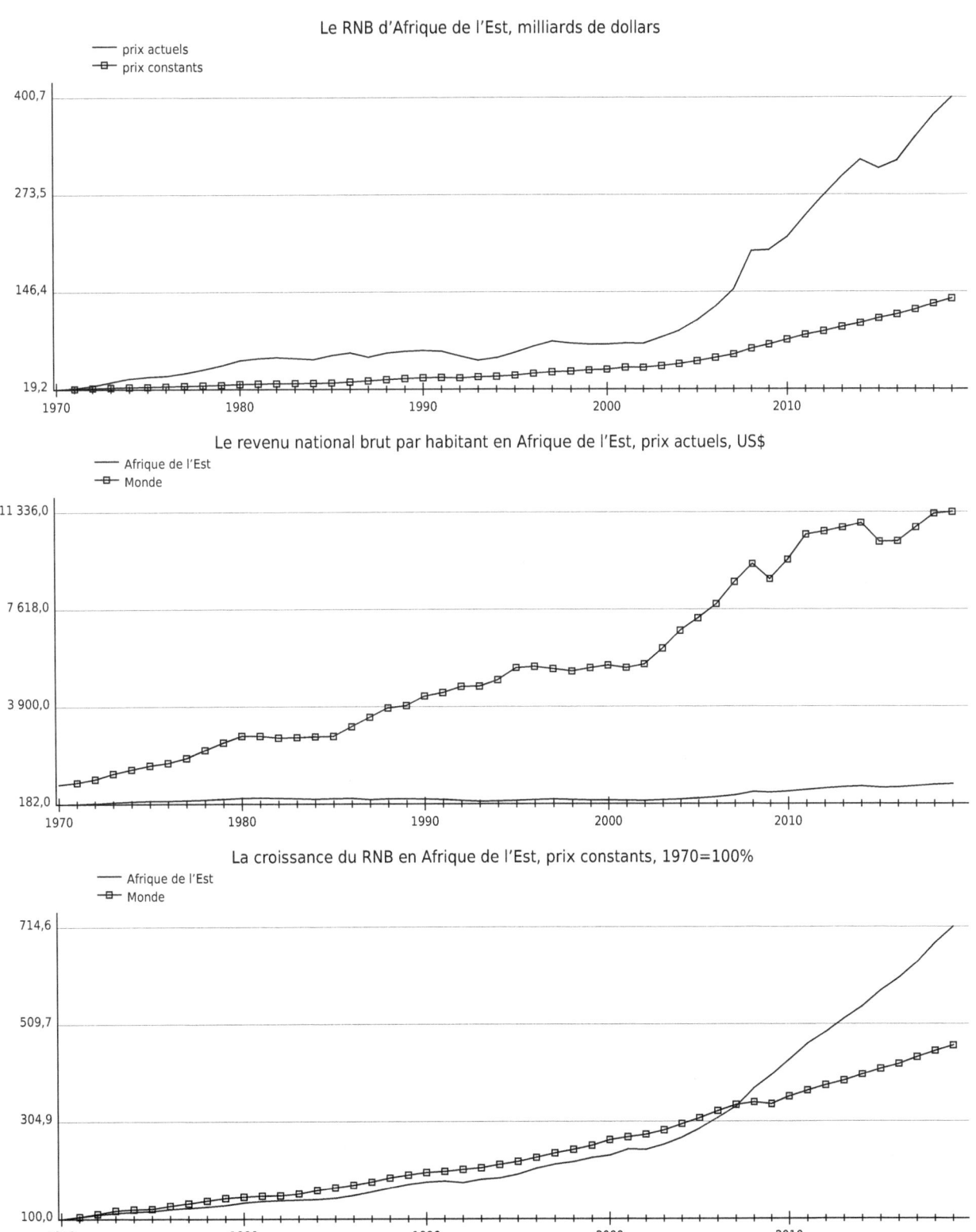

Les années 1970

Le RNB d'Afrique de l'Est était de 33,2 milliards de dollars par an dans les années 1970 à égalité avec l'Afrique du Sud (33,2 milliards de dollars). La part dans le monde était de 0,51% et de 12,8% en Afrique.

Le RNB par habitant en Afrique de l'Est était de 275.2 dollars dans les années 1970, à égalité avec le Sri Lanka (278,2 de dollars), le Lesotho (268,8 de dollars), le Togo (268,7 dollars). Le RNB par habitant en Afrique de l'Est était 5,9 fois inférieur le RNB par habitant au Monde (1 624,3 US$), et 2,3 fois inférieur le RNB par habitant en Afrique (632,4 US$).

La croissance du revenu national brut en Afrique de l'Est était de 2.8% dans les années 1970, à égalité avec la Micronésie (2,8%). La croissance du revenu national brut en Afrique de l'Est (2,8%) a été inférieure à celle du monde (4,1%), et inférieure à celle de l'Afrique (4,7%).

Comparaison avec les sous-régions. Le RNB d'Afrique de l'Est était supérieur à celui de l'Afrique centrale (21,1 milliards de dollars); mais inférieur à celui de l'Afrique de l'Ouest (111,9 milliards de dollars), de l'Afrique du Nord (58,5 milliards de dollars) et de l'Afrique australe (34,9 milliards de dollars). Le RNB par habitant en Afrique de l'Est était inférieur à celui de l'Afrique australe (1 235,7 de dollars), de l'Afrique de l'Ouest (938,0 de dollars), de l'Afrique du Nord (605,9 de dollars) et de l'Afrique centrale (463,7 de dollars). La croissance du RNB en Afrique de l'Est était supérieure à celle de l'Afrique centrale (1,6%); mais inférieure à celle de l'Afrique du Nord (7,0%), de l'Afrique de l'Ouest (5,1%) et de l'Afrique australe (3,1%).

Les leaders. Le revenu national brut d'Afrique de l'Est dans les années 1970 comprenait: Mozambique (16,5%), Kenya (14,5%), Tanzanie (13,8%), Zimbabwe (13,4%), Éthiopie (11,6%), autres (30,3%). Le RNB par habitant en Afrique de l'Est parmi les leaders: Zimbabwe (716,6 US$), Mozambique (541,8 US$), Kenya (358,1 US$), Tanzanie (291,7 US$), Éthiopie (115,8 US$). La croissance du RNB en Afrique de l'Est parmi les leaders: Kenya (5,2%), Mozambique (3,8%), Tanzanie (3,7%), Éthiopie (2,4%), Zimbabwe (1,9%).

Les années 1980

Le RNB d'Afrique de l'Est était de 62,0 milliards de dollars par an dans les années 1980 à égalité avec le Venezuela (61,0 milliards de dollars). La part dans le monde était de 0,41% et de 12,0% en Afrique.

Le RNB par habitant en Afrique de l'Est était de 382 dollars dans les années 1980, à égalité avec la République centrafricaine (382,1 de dollars), la Zambie (391,5 de dollars). Le revenu national brut par habitant en Afrique de l'Est était 8,2 fois inférieur le revenu national brut par habitant au Monde (3 117,1 US$), et 2,5 fois inférieur le revenu national brut par habitant en Afrique (957,8 US$).

La croissance du RNB en Afrique de l'Est était de 3% dans les années 1980, à égalité avec les Seychelles (3,0%), le Monde (3,0%), l'Islande (3,0%). La croissance du revenu national brut en Afrique de l'Est (3,0%) a été supérieure à celle du monde (3,0%), et supérieure à celle de l'Afrique (1,6%).

Comparaison avec les sous-régions. Le revenu national brut d'Afrique de l'Est était supérieur à celui de l'Afrique centrale (37,5 milliards de dollars); mais inférieur à celui de l'Afrique de l'Ouest (197,0 milliards de dollars), de l'Afrique du Nord (139,3 milliards de dollars) et de l'Afrique australe (83,1 milliards de dollars). Le RNB par habitant en Afrique de l'Est était inférieur à celui de l'Afrique australe (2 264,2 de dollars), de l'Afrique de l'Ouest (1 261,1 de dollars), de l'Afrique du Nord (1 103,8 de dollars) et de l'Afrique centrale (621,8 de dollars). La croissance du RNB en Afrique de l'Est était supérieure à celle de l'Afrique australe (2,5%), de l'Afrique centrale (2,1%), de l'Afrique du Nord (2,1%) et de l'Afrique de l'Ouest (-0,19%).

Les leaders. Le revenu national brut d'Afrique de l'Est dans les années 1980 comprenait: Kenya (16,3%), Zimbabwe (15,6%), Tanzanie (14,1%), Éthiopie (13,9%), Mozambique (9,8%), autres (30,3%). Le RNB par habitant en Afrique de l'Est parmi les leaders: Zimbabwe (1 109,6 US$), Kenya (516,2 US$), Mozambique (485,6 US$), Tanzanie (409,6 US$), Éthiopie (204,2 US$). La croissance du RNB en Afrique de l'Est parmi les leaders: Zimbabwe (4,7%), Kenya (4,4%), Éthiopie (3,1%), Tanzanie (1,8%), Mozambique (-0,43%).

Les années 1990

Le RNB d'Afrique de l'Est était de 69,8 milliards de dollars par an dans les années 1990 à égalité avec la Malaisie (69,7 milliards de dollars), le Pakistan (69,0 milliards de dollars). La part dans le monde était de 0,25% et de 12,3% en Afrique.

Le RNB par habitant en Afrique de l'Est était de 323 dollars dans les années 1990, à égalité avec le Bangladesh (325,0 de dollars), le Burkina Faso (317,0 de dollars). Le RNB par habitant en Afrique de l'Est était 15,5 fois inférieur le RNB par habitant au Monde (4 991,4 US$), et 2,5 fois inférieur le RNB par habitant en Afrique (799,7 US$).

Chapitre III. Revenu national brut

La croissance du RNB en Afrique de l'Est était de 2.9% dans les années 1990, à égalité avec le Monde (2,8%), la Gambie (2,9%), le Maroc (2,9%). La croissance du revenu national brut en Afrique de l'Est (2,9%) a été supérieure à celle du monde (2,8%), et supérieure à celle de l'Afrique (2,5%).

Comparaison avec les sous-régions. Le revenu national brut d'Afrique de l'Est était supérieur à celui de l'Afrique centrale (39,6 milliards de dollars); mais inférieur à celui de l'Afrique du Nord (206,0 milliards de dollars), de l'Afrique australe (145,3 milliards de dollars) et de l'Afrique de l'Ouest (105,8 milliards de dollars). Le RNB par habitant en Afrique de l'Est était inférieur à celui de l'Afrique australe (3 114,7 de dollars), de l'Afrique du Nord (1 289,8 de dollars), de l'Afrique de l'Ouest (519,6 de dollars) et de l'Afrique centrale (481,8 de dollars). La croissance du RNB en Afrique de l'Est était supérieure à celle de l'Afrique de l'Ouest (2,7%), de l'Afrique australe (1,7%) et de l'Afrique centrale (-0,91%); mais inférieure à celle de l'Afrique du Nord (3,4%).

Les leaders. Le revenu national brut d'Afrique de l'Est dans les années 1990 comprenait: Kenya (17,7%), Zimbabwe (15,8%), Éthiopie (12,6%), Tanzanie (11,8%), Ouganda (8,3%), autres (33,9%). Le RNB par habitant en Afrique de l'Est parmi les leaders: Zimbabwe (977,4 US$), Kenya (450,5 US$), Ouganda (287,3 US$), Tanzanie (283,2 US$), Éthiopie (156,3 US$). La croissance du RNB en Afrique de l'Est parmi les leaders: Ouganda (7,2%), Tanzanie (4,7%), Kenya (2,5%), Zimbabwe (1,9%), Éthiopie (0,67%).

Les années 2000

Le revenu national brut d'Afrique de l'Est était de 120,4 milliards de dollars par an dans les années 2000. La part dans le monde était de 0,26% et de 11,2% en Afrique.

Le RNB par habitant en Afrique de l'Est était de 421.7 dollars dans les années 2000, à égalité avec la Guinée-Bissau (421,6 de dollars). Le RNB par habitant en Afrique de l'Est était 17,0 fois inférieur le revenu national brut par habitant au Monde (7 165,2 US$), et 2,8 fois inférieur le revenu national brut par habitant en Afrique (1 185,1 US$).

La croissance du revenu national brut en Afrique de l'Est était de 5.8% dans les années 2000, à égalité avec le Panama (5,8%). La croissance du revenu national brut en Afrique de l'Est (5,8%) a été supérieure à celle du monde (3,0%), et supérieure à celle de l'Afrique (5,1%).

Comparaison avec les sous-régions. Le RNB d'Afrique de l'Est était supérieur à celui de l'Afrique centrale (87,8 milliards de dollars); mais inférieur à celui de l'Afrique du Nord (379,9 milliards de dollars), de l'Afrique de l'Ouest (254,5 milliards de dollars) et de l'Afrique australe (231,8 milliards de dollars). Le RNB par habitant en Afrique de l'Est était inférieur à celui de l'Afrique australe (4 260,3 de dollars), de l'Afrique du Nord (1 995,7 de dollars), de l'Afrique de l'Ouest (959,5 de dollars) et de l'Afrique centrale (791,4 de dollars). La croissance du revenu national brut en Afrique de l'Est était supérieure à celle de l'Afrique de l'Ouest (5,6%), de l'Afrique du Nord (4,9%) et de l'Afrique australe (3,8%); mais inférieure à celle de l'Afrique centrale (6,6%).

Les leaders. Le revenu national brut d'Afrique de l'Est dans les années 2000 comprenait: Kenya (19,2%), Tanzanie (15,4%), Éthiopie (11,8%), Ouganda (9,3%), Zambie (7,1%), autres (37,3%). Le RNB par habitant en Afrique de l'Est parmi les leaders: Zambie (725,6 US$), Kenya (637,2 US$), Tanzanie (486,5 US$), Ouganda (408,3 US$), Éthiopie (187,9 US$). La croissance du revenu national brut en Afrique de l'Est parmi les leaders: Éthiopie (8,0%), Ouganda (7,3%), Zambie (7,0%), Tanzanie (6,5%), Kenya (3,7%).

Les années 2010

Le revenu national brut d'Afrique de l'Est était de 310,7 milliards de dollars par an dans les années 2010 à égalité avec Hong Kong (309,7 milliards de dollars), la Malaisie (307,9 milliards de dollars), d'Israël (306,1 milliards de dollars). La part dans le monde était de 0,40% et de 13,9% en Afrique.

Le RNB par habitant en Afrique de l'Est était de 808.7 dollars dans les années 2010, à égalité avec le Népal (800,9 de dollars), le Mali (790,7 de dollars). Le RNB par habitant en Afrique de l'Est était 13,1 fois inférieur le RNB par habitant au Monde (10 611,7 US$), et 2,4 fois inférieur le revenu national brut par habitant en Afrique (1 913,3 US$).

La croissance du revenu national brut en Afrique de l'Est était de 5.9% dans les années 2010. La croissance du RNB en Afrique de l'Est (5,9%) a été supérieure à celle du monde (3,1%), et supérieure à celle de l'Afrique (2,9%).

Comparaison avec les sous-régions. Le RNB d'Afrique de l'Est était 37,5% supérieur à celui de l'Afrique centrale (225,9 milliards de dollars); mais 2,2 fois inférieur à celui de l'Afrique du Nord (698,9 milliards de dollars), 49,7% inférieur à celui de l'Afrique de l'Ouest (617,1 milliards de dollars) et 18,8% inférieur à celui de l'Afrique australe (382,7 milliards de dollars). Le RNB par habitant en Afrique de l'Est était 7,6 fois inférieur à celui de l'Afrique australe (6 123,0 de dollars), 3,9 fois inférieur à celui de l'Afrique du Nord (3 156,9 de dollars), 2,2 fois inférieur à celui de l'Afrique de l'Ouest (1 773,8 de dollars) et 45,5% inférieur à celui de l'Afrique centrale (1 483,3 de dollars). La croissance du RNB en Afrique de l'Est était supérieure à celle de l'Afrique de l'Ouest (3,6%), de l'Afrique centrale (3,5%), de l'Afrique australe (1,8%) et de l'Afrique du Nord (1,6%).

Les leaders. Le revenu national brut d'Afrique de l'Est dans les années 2010 comprenait: Kenya (20,5%), Éthiopie (18,7%), Tanzanie (15,3%), Ouganda (8,2%), Zambie (7,5%), autres (29,9%). Le revenu national brut par habitant en Afrique de l'Est parmi les leaders: Zambie (1 495,2 US$), Kenya (1 344,4 US$), Tanzanie (931,2 US$), Ouganda (668,6 US$), Éthiopie (583,6 US$). La croissance du RNB en Afrique de l'Est parmi les leaders: Éthiopie (9,7%), Tanzanie (6,6%), Kenya (5,6%), Ouganda (5,2%), Zambie (5,0%).

Partie II. Structure

	Les années 2010
agriculture	26,5%
industrie	15,4%
construction	8,3%
commerce	15,1%
transport	8,4%
services	26,3%

Chapitre IV. Agriculture

Agriculture, chasse, sylviculture et pêche (ISIC A-B)

L'agriculture d'Afrique de l'Est est passé de 10,4 milliards de dollars par an dans les années 1970 à 77,2 milliards de dollars par an dans les années 2010, c'est-à-dire 66,7 milliards de dollars ou de 7,4 fois. La variation a été de 43,6 milliards de dollars en raison de l'augmentation de 2,3 fois des prix, et de 380,6 millions de dollars en raison de la croissance de productivité de 1,0 fois, et de 22,7 milliards de dollars en raison de la croissance démographique. La croissance annuelle moyenne de l'agriculture était de 3,0%. La valeur minimale était de 6,2 milliards de dollars en 1970. La valeur maximale était de 105,1 milliards de dollars en 2019.

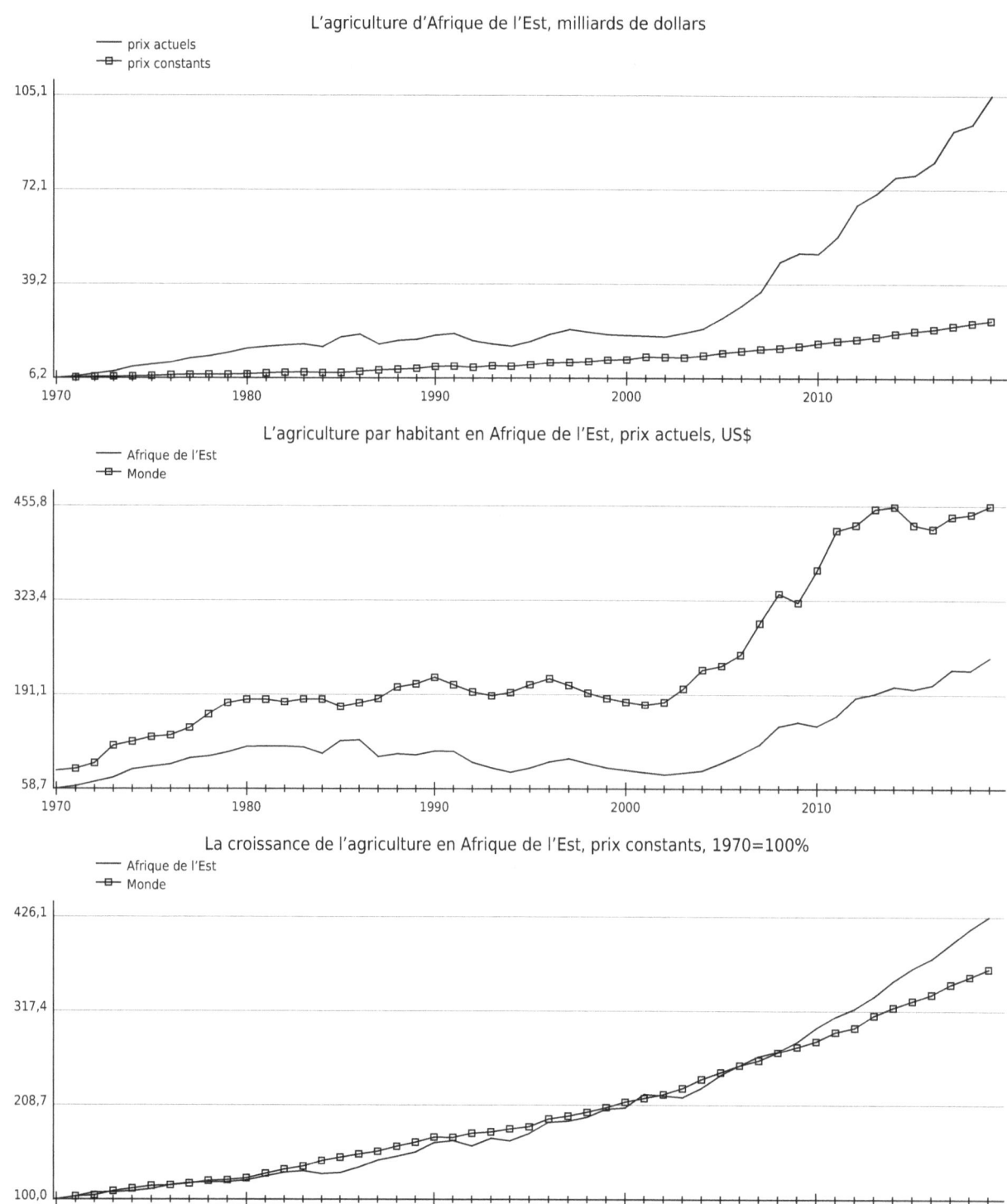

Chapitre IV. Agriculture

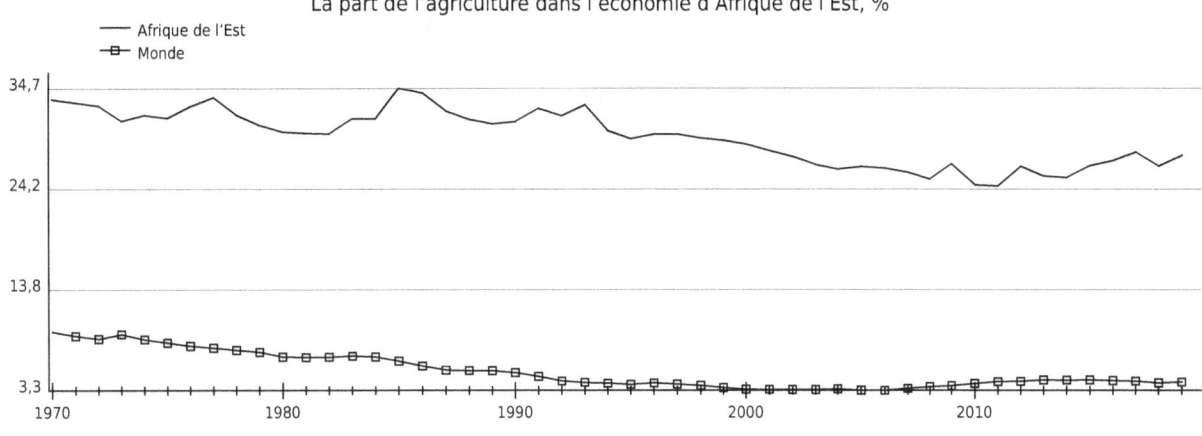

Les années 1970

L'agriculture d'Afrique de l'Est était de 10,4 milliards de dollars par an dans les années 1970. La part dans le monde était de 2,0% et de 22,6% en Afrique.

La part de l'agriculture dans l'économie d'Afrique de l'Est était de 32,2% dans les années 1970, à égalité avec le Tchad (32,3%), le Kenya (32,0%), la République centrafricaine (31,9%).

L'agriculture par habitant en Afrique de l'Est était de 86.3 dollars dans les années 1970, à égalité avec le Guatemala (85,1 de dollars), le Royaume-Uni (87,6 de dollars), le Zimbabwe (87,9 de dollars). L'agriculture par habitant en Afrique de l'Est était 32,4% inférieure l'agriculture par habitant au Monde (127,6 US$), et 23,1% inférieure l'agriculture par habitant en Afrique (112,2 US$).

La croissance de l'agriculture en Afrique de l'Est était de 2% dans les années 1970, à égalité avec la Yougoslavie (2,0%). La croissance de l'agriculture en Afrique de l'Est (2,0%) a été inférieure à celle du monde (2,2%), et supérieure à celle de l'Afrique (1,7%).

Comparaison avec les sous-régions. La valeur ajoutée de l'agriculture en Afrique de l'Est était supérieure à celle de l'Afrique du Nord (8,7 milliards de dollars), de l'Afrique centrale (4,2 milliards de dollars) et de l'Afrique australe (2,6 milliards de dollars); mais inférieure à celle de l'Afrique de l'Ouest (20,2 milliards de dollars). L'agriculture par habitant en Afrique de l'Est était inférieure à celle de l'Afrique de l'Ouest (169,1 de dollars), de l'Afrique centrale (92,1 de dollars), de l'Afrique australe (90,9 de dollars) et de l'Afrique du Nord (90,2 de dollars). La croissance de l'agriculture en Afrique de l'Est était supérieure à celle de l'Afrique centrale (1,6%) et de l'Afrique de l'Ouest (0,69%); mais inférieure à celle de l'Afrique australe (3,9%) et de l'Afrique du Nord (2,2%).

Les leaders. La valeur ajoutée de l'agriculture en Afrique de l'Est dans les années 1970 comprenait: Mozambique (17,8%), Éthiopie (17,5%), Kenya (15,0%), Ouganda (10,1%), Tanzanie (7,9%), autres (31,6%). La part de l'agriculture dans l'économie des leaders: Éthiopie (51,5%), Ouganda (45,6%), Mozambique (35,8%), Kenya (32,0%), Tanzanie (19,5%). L'agriculture par habitant en Afrique de l'Est parmi les leaders: Mozambique (184,0 US$), Kenya (116,4 US$), Ouganda (98,9 US$), Éthiopie (54,8 US$), Tanzanie (52,7 US$). La croissance de l'agriculture en Afrique de l'Est parmi les leaders: Kenya (4,1%), Mozambique (3,9%), Tanzanie (1,9%), Éthiopie (0,88%), Ouganda (-1,6%).

Les années 1980

L'agriculture d'Afrique de l'Est était de 18,6 milliards de dollars par an dans les années 1980. La part dans le monde était de 2,1% et de 21,6% en Afrique.

La part de l'agriculture dans l'économie d'Afrique de l'Est était de 31,7% dans les années 1980.

L'agriculture par habitant en Afrique de l'Est était de 114.5 dollars dans les années 1980, à égalité avec les îles Cook (114,2 de dollars), le Pérou (113,5 de dollars), les Îles Marshall (116,3 de dollars). L'agriculture par habitant en Afrique de l'Est était 38,6% inférieure l'agriculture par habitant au Monde (186,6 US$), et 28,0% inférieure l'agriculture par habitant en Afrique (159,2 US$).

La croissance de l'agriculture en Afrique de l'Est était de 2.6% dans les années 1980, à égalité avec Saint-Marin (2,5%), la république démocratique du Congo (2,6%), l'Islande (2,6%). La croissance de l'agriculture en Afrique de l'Est (2,6%) a été inférieure à celle du monde (3,1%), et inférieure à celle de l'Afrique (2,8%).

Comparaison avec les sous-régions. Le secteur de l'agriculture en Afrique de l'Est était supérieur à celui de l'Afrique du Nord (17,4 milliards de dollars), de l'Afrique centrale (7,3 milliards de dollars) et de l'Afrique australe (4,6 milliards de dollars); mais inférieur à celui de l'Afrique de l'Ouest (38,3 milliards de dollars). L'agriculture par habitant en Afrique de l'Est était inférieure à celle de l'Afrique de l'Ouest (245,3 de dollars), de l'Afrique du Nord (137,8 de dollars), de l'Afrique australe (124,5 de dollars) et de l'Afrique centrale (121,7 de dollars). La croissance de l'agriculture en Afrique de l'Est était supérieure à celle de l'Afrique centrale (2,0%); mais inférieure à celle de l'Afrique australe (3,1%), de l'Afrique du Nord (3,1%) et de l'Afrique de l'Ouest (2,9%).

Les leaders. Le secteur de l'agriculture en Afrique de l'Est dans les années 1980 comprenait: Éthiopie (15,5%), Kenya (15,3%), Mozambique (12,8%), Ouganda (12,2%), Tanzanie (11,8%), autres (32,5%). La part de l'agriculture dans l'économie des leaders: Ouganda (49,1%), Éthiopie (45,1%), Mozambique (39,5%), Kenya (28,4%), Tanzanie (26,5%). L'agriculture par habitant en Afrique de l'Est parmi les leaders: Mozambique (190,1 US$), Ouganda (156,7 US$), Kenya (145,3 US$), Tanzanie (102,6 US$), Éthiopie (68,3 US$). La croissance de l'agriculture en Afrique de l'Est parmi les leaders: Tanzanie (3,8%), Kenya (3,7%), Ouganda (2,6%), Mozambique (1,1%), Éthiopie (0,57%).

Les années 1990

L'agriculture d'Afrique de l'Est était de 20,6 milliards de dollars par an dans les années 1990. La part dans le monde était de 1,8% et de 21,6% en Afrique.

La part de l'agriculture dans l'économie d'Afrique de l'Est était de 30,6% dans les années 1990, à égalité avec le Ghana (30,6%).

L'agriculture par habitant en Afrique de l'Est était de 95.3 dollars dans les années 1990, à égalité avec l'Inde (95,6 de dollars), d'Haïti (96,7 de dollars), l'Afghanistan (96,7 de dollars). L'agriculture par habitant en Afrique de l'Est était 2,1 fois inférieure l'agriculture par habitant au Monde (199,8 US$), et 29,2% inférieure l'agriculture par habitant en Afrique (134,5 US$).

La croissance de l'agriculture en Afrique de l'Est était de 2.8% dans les années 1990, à égalité avec l'Afrique (2,8%), l'Inde (2,8%). La croissance de l'agriculture en Afrique de l'Est (2,8%) a été supérieure à celle du monde (2,2%), et supérieure à celle de l'Afrique (2,8%).

Comparaison avec les sous-régions. Le secteur de l'agriculture en Afrique de l'Est était supérieur à celui de l'Afrique centrale (10,3 milliards de dollars) et de l'Afrique australe (5,8 milliards de dollars); mais inférieur à celui de l'Afrique du Nord (29,4 milliards de dollars) et de l'Afrique de l'Ouest (29,2 milliards de dollars). L'agriculture par habitant en Afrique de l'Est était inférieure à celle de l'Afrique du Nord (184,3 de dollars), de l'Afrique de l'Ouest (143,3 de dollars), de l'Afrique centrale (125,3 de dollars) et de l'Afrique australe (124,6 de dollars). La croissance de l'agriculture en Afrique de l'Est était supérieure à celle de l'Afrique centrale (0,43%) et de l'Afrique australe (-0,15%); mais inférieure à celle de l'Afrique du Nord (3,8%) et de l'Afrique de l'Ouest (3,0%).

Les leaders. L'agriculture d'Afrique de l'Est dans les années 1990 comprenait: Éthiopie (23,1%), Kenya (14,9%), Tanzanie (11,2%), Ouganda (10,3%), Zimbabwe (7,4%), autres (33,0%). La part de l'agriculture dans l'économie des leaders: Éthiopie (56,5%), Ouganda (39,0%), Tanzanie (28,0%), Kenya (26,0%), Zimbabwe (14,0%). L'agriculture par habitant en Afrique de l'Est parmi les leaders: Zimbabwe (135,9 US$), Kenya (112,2 US$), Ouganda (105,4 US$), Éthiopie (84,6 US$), Tanzanie (79,5 US$). La croissance de l'agriculture en Afrique de l'Est parmi les leaders: Tanzanie (4,7%), Ouganda (4,3%), Zimbabwe (3,7%), Éthiopie (3,5%), Kenya (2,0%).

Les années 2000

Le secteur de l'agriculture en Afrique de l'Est était de 30,1 milliards de dollars par an dans les années 2000 à égalité avec l'Espagne (30,6 milliards de dollars). La part dans le monde était de 1,9% et de 18,2% en Afrique.

La part de l'agriculture dans l'économie d'Afrique de l'Est était de 26,6% dans les années 2000, à égalité avec le Mozambique (26,6%), le Bénin (26,6%), le Nigeria (26,8%).

L'agriculture par habitant en Afrique de l'Est était de 105.3 dollars dans les années 2000, à égalité avec le Malawi (106,1 de dollars), d'Haïti (104,2 de dollars), le Rwanda (103,6 de dollars). L'agriculture par habitant en Afrique de l'Est était 2,3 fois inférieure l'agriculture par habitant au Monde (240,3 US$), et 42,2% inférieure l'agriculture par habitant en Afrique (182,0 US$).

La croissance de l'agriculture en Afrique de l'Est était de 3.3% dans les années 2000, à égalité avec la Malaisie (3,3%). La croissance de l'agriculture en Afrique de l'Est (3,3%) a été supérieure à celle du monde (3,0%), et inférieure à celle de l'Afrique (5,1%).

Comparaison avec les sous-régions. L'agriculture d'Afrique de l'Est était supérieure à celle de l'Afrique centrale (10,8 milliards de dollars) et de l'Afrique australe (7,2 milliards de dollars); mais inférieure à celle de l'Afrique de l'Ouest (69,8 milliards de dollars) et de l'Afrique du Nord (47,0 milliards de dollars). L'agriculture par habitant en Afrique de l'Est était supérieure à celle de l'Afrique centrale

Chapitre IV. Agriculture

(97,8 de dollars); mais inférieure à celle de l'Afrique de l'Ouest (263,3 de dollars), de l'Afrique du Nord (247,1 de dollars) et de l'Afrique australe (132,3 de dollars). La croissance de l'agriculture en Afrique de l'Est était supérieure à celle de l'Afrique australe (2,3%); mais inférieure à celle de l'Afrique de l'Ouest (7,4%), de l'Afrique du Nord (4,4%) et de l'Afrique centrale (3,5%).

Les leaders. Le secteur de l'agriculture en Afrique de l'Est dans les années 2000 comprenait: Éthiopie (20,6%), Kenya (17,1%), Tanzanie (15,6%), Ouganda (9,8%), Madagascar (6,7%), autres (30,2%). La part de l'agriculture dans l'économie des leaders: Éthiopie (46,4%), Madagascar (31,5%), Ouganda (27,8%), Tanzanie (26,8%), Kenya (24,4%). L'agriculture par habitant en Afrique de l'Est parmi les leaders: Kenya (141,6 US$), Tanzanie (123,0 US$), Madagascar (111,0 US$), Ouganda (107,9 US$), Éthiopie (82,1 US$). La croissance de l'agriculture en Afrique de l'Est parmi les leaders: Éthiopie (6,2%), Tanzanie (4,5%), Ouganda (3,0%), Madagascar (2,3%), Kenya (1,7%).

Les années 2010

Le secteur de l'agriculture en Afrique de l'Est était de 77,2 milliards de dollars par an dans les années 2010. La part dans le monde était de 2,4% et de 22,4% en Afrique.

La part de l'agriculture dans l'économie d'Afrique de l'Est était de 26,5% dans les années 2010, à égalité avec la Gambie (26,2%).

L'agriculture par habitant en Afrique de l'Est était de 200.8 dollars dans les années 2010, à égalité avec le Cameroun (202,7 de dollars). L'agriculture par habitant en Afrique de l'Est était 2,2 fois inférieure l'agriculture par habitant au Monde (432,1 US$), et 31,8% inférieure l'agriculture par habitant en Afrique (294,3 US$).

La croissance de l'agriculture en Afrique de l'Est était de 4.2% dans les années 2010, à égalité avec l'Asie centrale (4,2%), la Bolivie (4,2%). La croissance de l'agriculture en Afrique de l'Est (4,2%) a été supérieure à celle du monde (2,9%), et supérieure à celle de l'Afrique (3,7%).

Comparaison avec les sous-régions. La valeur de l'agriculture en Afrique de l'Est était 2,9 fois supérieure à celle de l'Afrique centrale (26,6 milliards de dollars) et 8,0 fois supérieure à celle de l'Afrique australe (9,6 milliards de dollars); mais 45,7% inférieure à celle de l'Afrique de l'Ouest (142,1 milliards de dollars) et 12,7% inférieure à celle de l'Afrique du Nord (88,4 milliards de dollars). L'agriculture par habitant en Afrique de l'Est était 15,1% supérieure à celle de l'Afrique centrale (174,5 de dollars) et 30,5% supérieure à celle de l'Afrique australe (153,9 de dollars); mais 2,0 fois inférieure à celle de l'Afrique de l'Ouest (408,3 de dollars) et 49,7% inférieure à celle de l'Afrique du Nord (399,3 de dollars). La croissance de l'agriculture en Afrique de l'Est était supérieure à celle de l'Afrique de l'Ouest (3,8%), de l'Afrique du Nord (3,3%) et de l'Afrique australe (0,28%); mais inférieure à celle de l'Afrique centrale (4,6%).

Les leaders. L'agriculture d'Afrique de l'Est dans les années 2010 comprenait: Éthiopie (27,6%), Kenya (25,5%), Tanzanie (16,7%), Ouganda (8,1%), Mozambique (4,7%), autres (17,5%). La part de l'agriculture dans l'économie des leaders: Éthiopie (38,8%), Kenya (32,7%), Tanzanie (29,0%), Mozambique (27,5%), Ouganda (26,0%). L'agriculture par habitant en Afrique de l'Est parmi les leaders: Kenya (415,4 US$), Tanzanie (252,8 US$), Éthiopie (213,5 US$), Ouganda (164,0 US$), Mozambique (135,6 US$). La croissance de l'agriculture en Afrique de l'Est parmi les leaders: Éthiopie (5,7%), Kenya (4,6%), Tanzanie (4,5%), Mozambique (3,2%), Ouganda (2,8%).

Chapitre V. Industrie

Exploitation minière, fabrication, services publics (ISIC C-E)

L'industrie d'Afrique de l'Est est passé de 6,8 milliards de dollars par an dans les années 1970 à 44,9 milliards de dollars par an dans les années 2010, c'est-à-dire 38,1 milliards de dollars ou de 6,6 fois. La variation a été de 13,8 milliards de dollars en raison de l'augmentation de 1,4 fois des prix, et de 9,4 milliards de dollars en raison de la croissance de productivité de 1,4 fois, et de 14,9 milliards de dollars en raison de la croissance démographique. La croissance annuelle moyenne de l'industrie était de 4,0%. La valeur minimale était de 3,8 milliards de dollars en 1970. La valeur maximale était de 52,4 milliards de dollars en 2019.

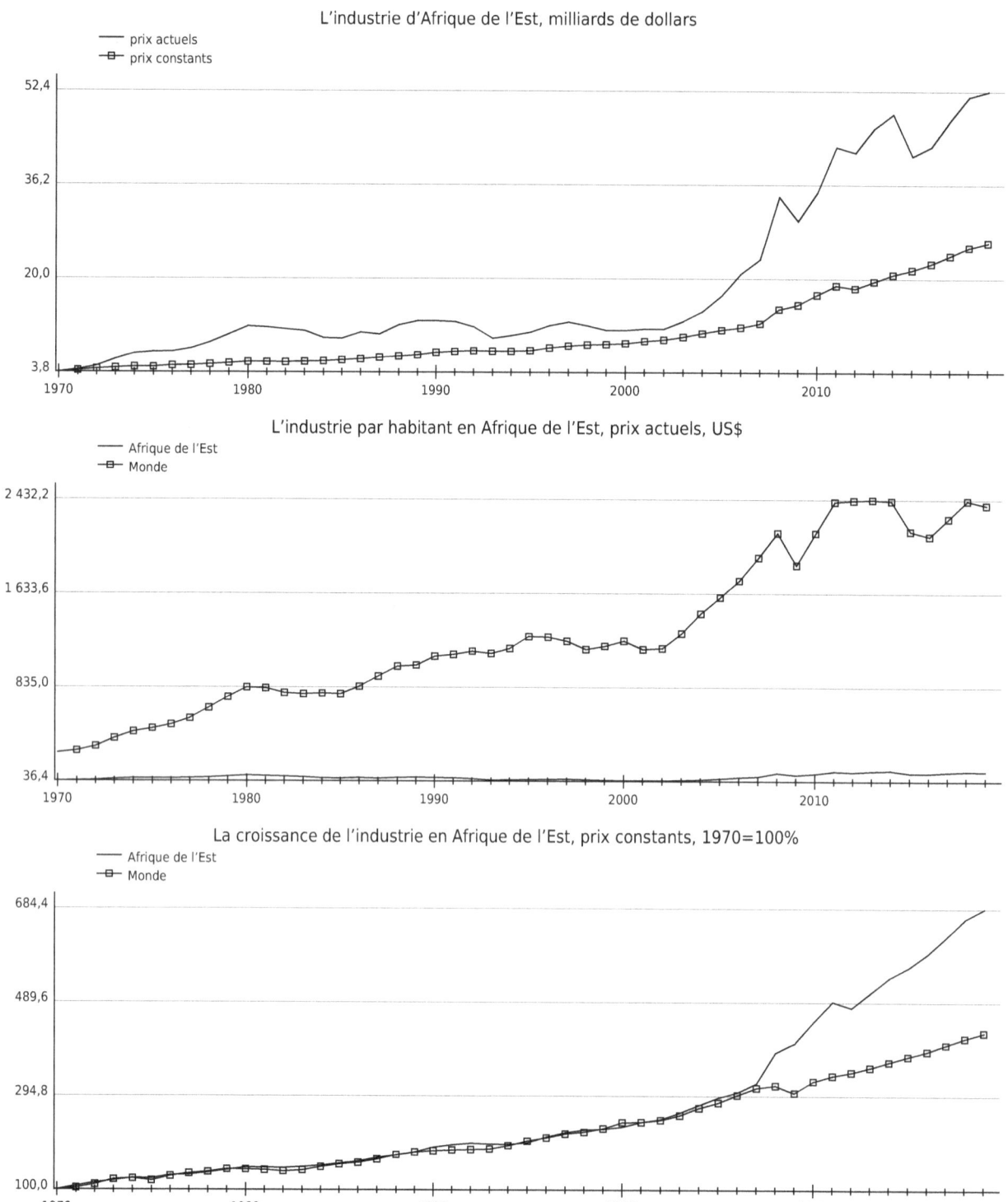

Chapitre V. Industrie

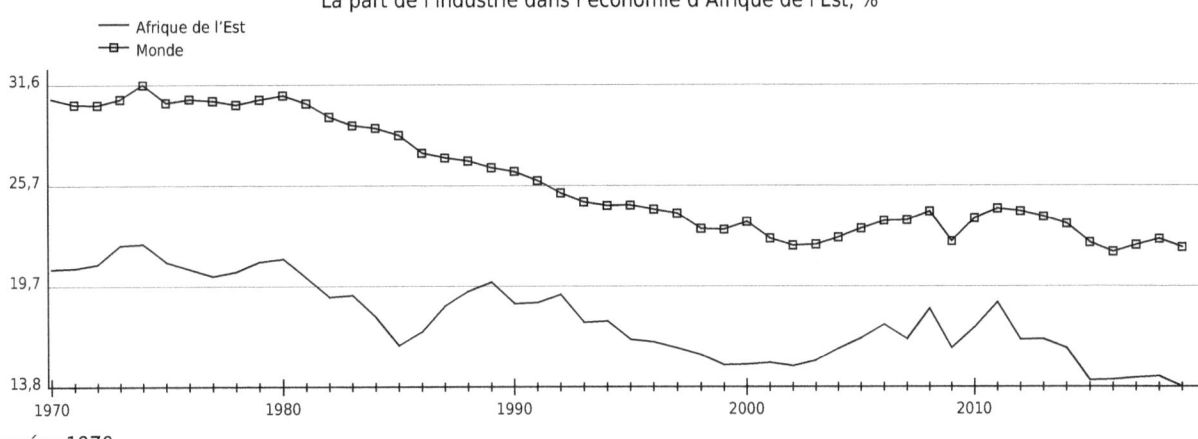

Les années 1970

La valeur de l'industrie en Afrique de l'Est était de 6,8 milliards de dollars par an dans les années 1970 à égalité avec la Finlande (6,8 milliards de dollars), le Danemark (7,0 milliards de dollars). La part dans le monde était de 0,35% et de 9,2% en Afrique.

La part de l'industrie dans l'économie d'Afrique de l'Est était de 21,1% dans les années 1970, à égalité avec l'Eswatini (21,2%), Maurice (20,9%), Hong Kong (21,3%).

L'industrie par habitant en Afrique de l'Est était de 56.5 dollars dans les années 1970, à égalité avec le Sri Lanka (56,6 de dollars), Sao Tomé-et-Principe (57,3 de dollars). L'industrie par habitant en Afrique de l'Est était 8,5 fois inférieure l'industrie par habitant au Monde (480,5 US$), et 3,2 fois inférieure l'industrie par habitant en Afrique (181,2 US$).

La croissance de l'industrie en Afrique de l'Est était de 3.9% dans les années 1970, à égalité avec Saint-Marin (3,8%), le Mozambique (3,8%), Monaco (3,9%). La croissance de l'industrie en Afrique de l'Est (3,9%) a été inférieure à celle du monde (4,0%), et inférieure à celle de l'Afrique (5,5%).

Comparaison avec les sous-régions. La valeur ajoutée de l'industrie en Afrique de l'Est était supérieure à celle de l'Afrique centrale (5,6 milliards de dollars); mais inférieure à celle de l'Afrique de l'Ouest (29,9 milliards de dollars), de l'Afrique du Nord (19,9 milliards de dollars) et de l'Afrique australe (12,2 milliards de dollars). L'industrie par habitant en Afrique de l'Est était inférieure à celle de l'Afrique australe (434,0 de dollars), de l'Afrique de l'Ouest (250,3 de dollars), de l'Afrique du Nord (205,8 de dollars) et de l'Afrique centrale (122,8 de dollars). La croissance de l'industrie en Afrique de l'Est était supérieure à celle de l'Afrique australe (1,5%) et de l'Afrique centrale (1,4%); mais inférieure à celle de l'Afrique de l'Ouest (7,3%) et de l'Afrique du Nord (6,9%).

Les leaders. La valeur de l'industrie en Afrique de l'Est dans les années 1970 comprenait: Mozambique (23,3%), Zimbabwe (18,4%), Kenya (16,5%), Zambie (12,5%), Tanzanie (9,4%), autres (19,9%). La part de l'industrie dans l'économie des leaders: Zambie (39,0%), Mozambique (30,7%), Zimbabwe (28,6%), Kenya (23,1%), Tanzanie (15,1%). L'industrie par habitant en Afrique de l'Est parmi les leaders: Zimbabwe (202,2 US$), Zambie (174,6 US$), Mozambique (157,6 US$), Kenya (84,1 US$), Tanzanie (40,7 US$). La croissance de l'industrie en Afrique de l'Est parmi les leaders: Kenya (9,6%), Mozambique (3,8%), Tanzanie (3,7%), Zimbabwe (1,8%), Zambie (1,5%).

Les années 1980

L'industrie d'Afrique de l'Est était de 11,1 milliards de dollars par an dans les années 1980 à égalité avec l'Afrique centrale (11,0 milliards de dollars), la Malaisie (10,9 milliards de dollars). La part dans le monde était de 0,27% et de 7,1% en Afrique.

La part de l'industrie dans l'économie d'Afrique de l'Est était de 18,9% dans les années 1980, à égalité avec le Niger (18,8%).

L'industrie par habitant en Afrique de l'Est était de 68.3 dollars dans les années 1980, à égalité avec les Comores (66,9 de dollars). L'industrie par habitant en Afrique de l'Est était 12,6 fois inférieure l'industrie par habitant au Monde (861,8 US$), et 4,2 fois inférieure l'industrie par habitant en Afrique (288,5 US$).

La croissance de l'industrie en Afrique de l'Est était de 2.4% dans les années 1980, à égalité avec Monaco (2,3%), le Costa Rica (2,4%). La croissance de l'industrie en Afrique de l'Est (2,4%) a été supérieure à celle du monde (2,3%), et supérieure à celle de l'Afrique (-0,99%).

Comparaison avec les sous-régions. La valeur de l'industrie en Afrique de l'Est était supérieure à celle de l'Afrique centrale (11,0 milliards de dollars); mais inférieure à celle de l'Afrique de l'Ouest (56,4 milliards de dollars), de l'Afrique du Nord (46,6 milliards de dollars) et de l'Afrique australe (31,2 milliards de dollars). L'industrie par habitant en Afrique de l'Est était inférieure à celle de l'Afrique australe (849,4 de dollars), de l'Afrique du Nord (369,4 de dollars), de l'Afrique de l'Ouest (361,0 de dollars) et de l'Afrique centrale (183,0 de dollars). La croissance de l'industrie en Afrique de l'Est était supérieure à celle de l'Afrique australe (1,5%), de l'Afrique de l'Ouest (-1,8%) et de l'Afrique du Nord (-2,3%); mais inférieure à celle de l'Afrique centrale (2,7%).

Les leaders. Le secteur de l'industrie en Afrique de l'Est dans les années 1980 comprenait: Zimbabwe (22,7%), Kenya (20,2%), Mozambique (11,4%), Zambie (11,4%), Tanzanie (8,5%), autres (25,8%). La part de l'industrie dans l'économie des leaders: Zambie (40,8%), Zimbabwe (26,9%), Kenya (22,4%), Mozambique (21,1%), Tanzanie (11,4%). L'industrie par habitant en Afrique de l'Est parmi les leaders: Zimbabwe (287,4 US$), Zambie (184,6 US$), Kenya (114,5 US$), Mozambique (101,7 US$), Tanzanie (44,1 US$). La croissance de l'industrie en Afrique de l'Est parmi les leaders: Kenya (3,9%), Zimbabwe (3,9%), Zambie (-0,41%), Tanzanie (-1,4%), Mozambique (-2,4%).

Les années 1990

La valeur ajoutée de l'industrie en Afrique de l'Est était de 11,5 milliards de dollars par an dans les années 1990 à égalité avec le Koweït (11,7 milliards de dollars), la Nouvelle-Zélande (11,7 milliards de dollars). La part dans le monde était de 0,17% et de 7,3% en Afrique.

La part de l'industrie dans l'économie d'Afrique de l'Est était de 17,1% dans les années 1990, à égalité avec la république démocratique du Congo (17,0%), le Suriname (17,0%).

L'industrie par habitant en Afrique de l'Est était de 53.3 dollars dans les années 1990, à égalité avec le Bangladesh (53,1 de dollars), la Guinée-Bissau (53,9 de dollars), les Kiribati (52,4 de dollars). L'industrie par habitant en Afrique de l'Est était 22,1 fois inférieure l'industrie par habitant au Monde (1 175,6 US$), et 4,2 fois inférieure l'industrie par habitant en Afrique (222,8 US$).

La croissance de l'industrie en Afrique de l'Est était de 2.4% dans les années 1990. La croissance de l'industrie en Afrique de l'Est (2,4%) a été inférieure à celle du monde (2,5%), et supérieure à celle de l'Afrique (1,3%).

Comparaison avec les sous-régions. La valeur ajoutée de l'industrie en Afrique de l'Est était inférieure à celle de l'Afrique du Nord (59,5 milliards de dollars), de l'Afrique australe (42,1 milliards de dollars), de l'Afrique de l'Ouest (30,3 milliards de dollars) et de l'Afrique centrale (14,4 milliards de dollars). L'industrie par habitant en Afrique de l'Est était inférieure à celle de l'Afrique australe (903,4 de dollars), de l'Afrique du Nord (372,5 de dollars), de l'Afrique centrale (174,5 de dollars) et de l'Afrique de l'Ouest (148,8 de dollars). La croissance de l'industrie en Afrique de l'Est était supérieure à celle de l'Afrique du Nord (2,2%), de l'Afrique de l'Ouest (0,92%), de l'Afrique australe (0,44%) et de l'Afrique centrale (-1,2%).

Les leaders. La valeur de l'industrie en Afrique de l'Est dans les années 1990 comprenait: Zimbabwe (21,7%), Kenya (20,0%), Tanzanie (10,9%), Zambie (10,2%), Maurice (7,1%), autres (30,1%). La part de l'industrie dans l'économie des leaders: Zambie (35,5%), Maurice (25,4%), Zimbabwe (22,9%), Kenya (19,5%), Tanzanie (15,2%). L'industrie par habitant en Afrique de l'Est parmi les leaders: Maurice (729,0 US$), Zimbabwe (221,4 US$), Zambie (130,5 US$), Kenya (84,0 US$), Tanzanie (43,2 US$). La croissance de l'industrie en Afrique de l'Est parmi les leaders: Tanzanie (6,3%), Maurice (5,6%), Kenya (1,5%), Zimbabwe (0,52%), Zambie (-2,2%).

Les années 2000

L'industrie d'Afrique de l'Est était de 18,6 milliards de dollars par an dans les années 2000 à égalité avec d'Oman (18,5 milliards de dollars), le Kazakhstan (19,0 milliards de dollars), le Viêt Nam (19,0 milliards de dollars). La part dans le monde était de 0,18% et de 5,8% en Afrique.

La part de l'industrie dans l'économie d'Afrique de l'Est était de 16,5% dans les années 2000, à égalité avec le Royaume-Uni (16,5%), la Palestine (16,5%), l'Ouganda (16,6%).

L'industrie par habitant en Afrique de l'Est était de 65.3 dollars dans les années 2000, à égalité avec les Kiribati (65,8 de dollars), l'Ouganda (64,4 de dollars), d'Haïti (66,3 de dollars). L'industrie par habitant en Afrique de l'Est était 24,1 fois inférieure l'industrie par habitant au Monde (1 573,8 US$), et 5,4 fois inférieure l'industrie par habitant en Afrique (352,5 US$).

La croissance de l'industrie en Afrique de l'Est était de 6% dans les années 2000, à égalité avec l'Asie du Sud (5,9%). La croissance de l'industrie en Afrique de l'Est (6,0%) a été supérieure à celle du monde (2,9%), et supérieure à celle de l'Afrique (3,1%).

Chapitre V. Industrie

Comparaison avec les sous-régions. La valeur ajoutée de l'industrie en Afrique de l'Est était inférieure à celle de l'Afrique du Nord (139,0 milliards de dollars), de l'Afrique australe (59,8 milliards de dollars), de l'Afrique de l'Ouest (58,9 milliards de dollars) et de l'Afrique centrale (43,3 milliards de dollars). L'industrie par habitant en Afrique de l'Est était inférieure à celle de l'Afrique australe (1 099,0 de dollars), de l'Afrique du Nord (730,2 de dollars), de l'Afrique centrale (390,2 de dollars) et de l'Afrique de l'Ouest (221,9 de dollars). La croissance de l'industrie en Afrique de l'Est était supérieure à celle de l'Afrique centrale (5,4%), de l'Afrique du Nord (3,3%), de l'Afrique de l'Ouest (2,2%) et de l'Afrique australe (1,3%).

Les leaders. Le secteur de l'industrie en Afrique de l'Est dans les années 2000 comprenait: Kenya (19,0%), Tanzanie (14,2%), Zambie (10,0%), Ouganda (9,5%), Zimbabwe (9,3%), autres (38,1%). La part de l'industrie dans l'économie des leaders: Zimbabwe (23,9%), Zambie (21,7%), Kenya (16,8%), Ouganda (16,6%), Tanzanie (15,1%). L'industrie par habitant en Afrique de l'Est parmi les leaders: Zambie (159,0 US$), Zimbabwe (143,7 US$), Kenya (97,5 US$), Tanzanie (69,4 US$), Ouganda (64,4 US$). La croissance de l'industrie en Afrique de l'Est parmi les leaders: Zambie (9,2%), Tanzanie (7,9%), Ouganda (5,6%), Kenya (3,1%), Zimbabwe (-1,5%).

Les années 2010

La valeur de l'industrie en Afrique de l'Est était de 44,9 milliards de dollars par an dans les années 2010 à égalité avec d'Israël (44,8 milliards de dollars). La part dans le monde était de 0,26% et de 7,9% en Afrique.

La part de l'industrie dans l'économie d'Afrique de l'Est était de 15,4% dans les années 2010, à égalité avec la Palestine (15,5%), les États-Unis (15,3%).

L'industrie par habitant en Afrique de l'Est était de 116.9 dollars dans les années 2010, à égalité avec le Togo (118,0 de dollars). L'industrie par habitant en Afrique de l'Est était 19,9 fois inférieure l'industrie par habitant au Monde (2 320,9 US$), et 4,2 fois inférieure l'industrie par habitant en Afrique (489,1 US$).

La croissance de l'industrie en Afrique de l'Est était de 5.4% dans les années 2010. La croissance de l'industrie en Afrique de l'Est (5,4%) a été supérieure à celle du monde (3,5%), et supérieure à celle de l'Afrique (0,035%).

Comparaison avec les sous-régions. Le secteur de l'industrie en Afrique de l'Est était 4,7 fois inférieur à celui de l'Afrique du Nord (212,1 milliards de dollars), 3,0 fois inférieur à celui de l'Afrique de l'Ouest (132,7 milliards de dollars), 2,0 fois inférieur à celui de l'Afrique australe (91,3 milliards de dollars) et 2,0 fois inférieur à celui de l'Afrique centrale (90,5 milliards de dollars). L'industrie par habitant en Afrique de l'Est était 12,5 fois inférieure à celle de l'Afrique australe (1 459,9 de dollars), 8,2 fois inférieure à celle de l'Afrique du Nord (958,1 de dollars), 5,1 fois inférieure à celle de l'Afrique centrale (594,0 de dollars) et 3,3 fois inférieure à celle de l'Afrique de l'Ouest (381,4 de dollars). La croissance de l'industrie en Afrique de l'Est était supérieure à celle de l'Afrique de l'Ouest (3,3%), de l'Afrique centrale (2,0%), de l'Afrique australe (0,89%) et de l'Afrique du Nord (-3,0%).

Les leaders. Le secteur de l'industrie en Afrique de l'Est dans les années 2010 comprenait: Kenya (17,7%), Tanzanie (15,1%), Zambie (13,4%), Soudan du Sud (10,0%), Zimbabwe (8,5%), autres (35,3%). La part de l'industrie dans l'économie des leaders: Soudan du Sud (49,9%), Zambie (26,5%), Zimbabwe (22,5%), Tanzanie (15,2%), Kenya (13,2%). L'industrie par habitant en Afrique de l'Est parmi les leaders: Soudan du Sud (430,2 US$), Zambie (385,3 US$), Zimbabwe (280,0 US$), Kenya (167,8 US$), Tanzanie (132,9 US$). La croissance de l'industrie en Afrique de l'Est parmi les leaders: Tanzanie (7,1%), Zimbabwe (6,4%), Kenya (4,6%), Zambie (4,2%), Soudan du Sud (-2,1%).

Chapitre 5.1. Fabrication

(ISIC D)

La fabrication d'Afrique de l'Est est passé de 5,3 milliards de dollars par an dans les années 1970 à 25,4 milliards de dollars par an dans les années 2010, c'est-à-dire 20,1 milliards de dollars ou de 4,8 fois. La variation a été de 2,4 milliards de dollars en raison de l'augmentation de 1,1 fois des prix, et de 6,1 milliards de dollars en raison de la croissance de productivité de 1,4 fois, et de 11,6 milliards de dollars en raison de la croissance démographique. La croissance annuelle moyenne de l'industrie de transformation était de 4,0%. La valeur minimale était de 2,9 milliards de dollars en 1970. La valeur maximale était de 31,6 milliards de dollars en 2019.

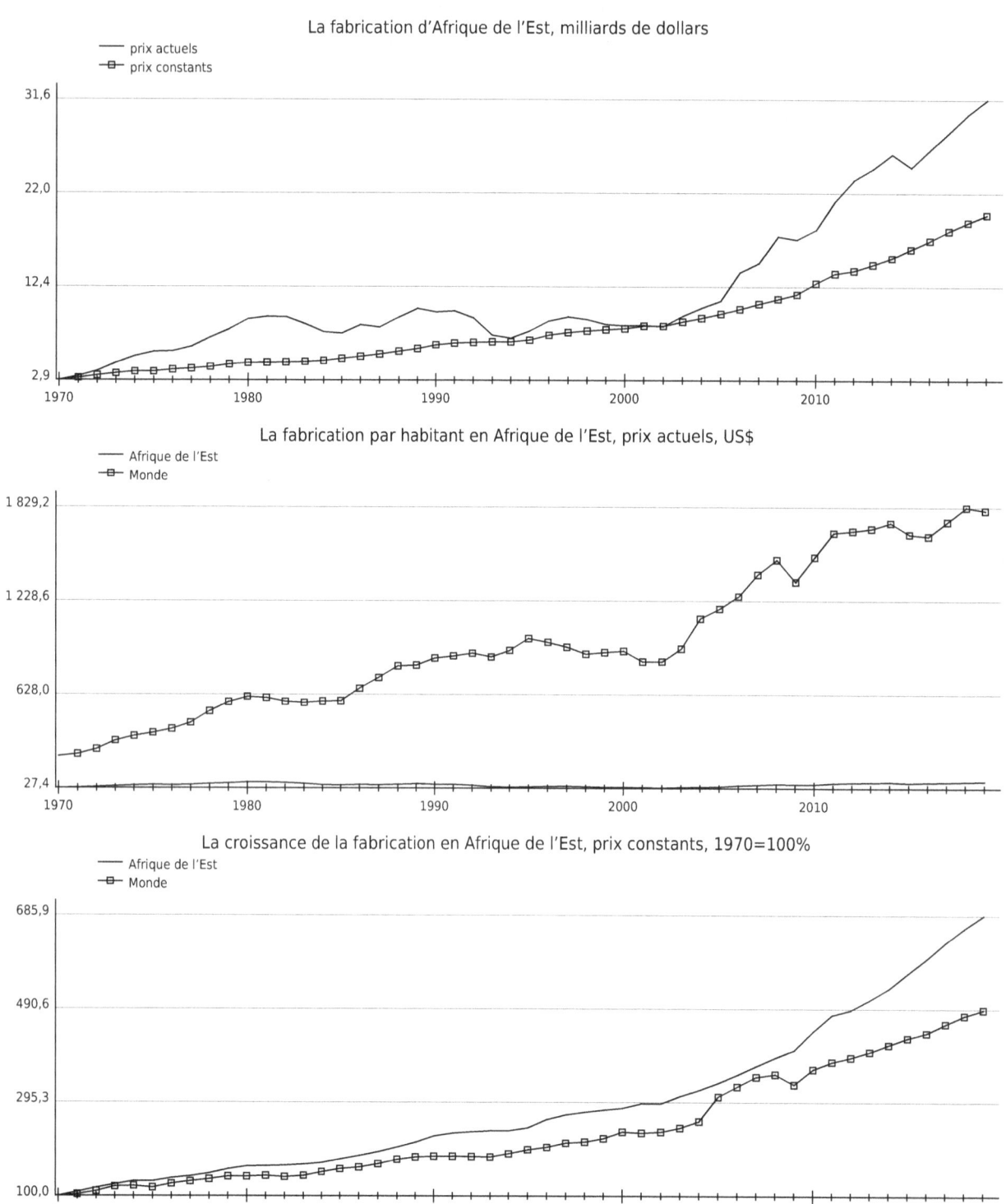

Chapitre 5.1. Fabrication

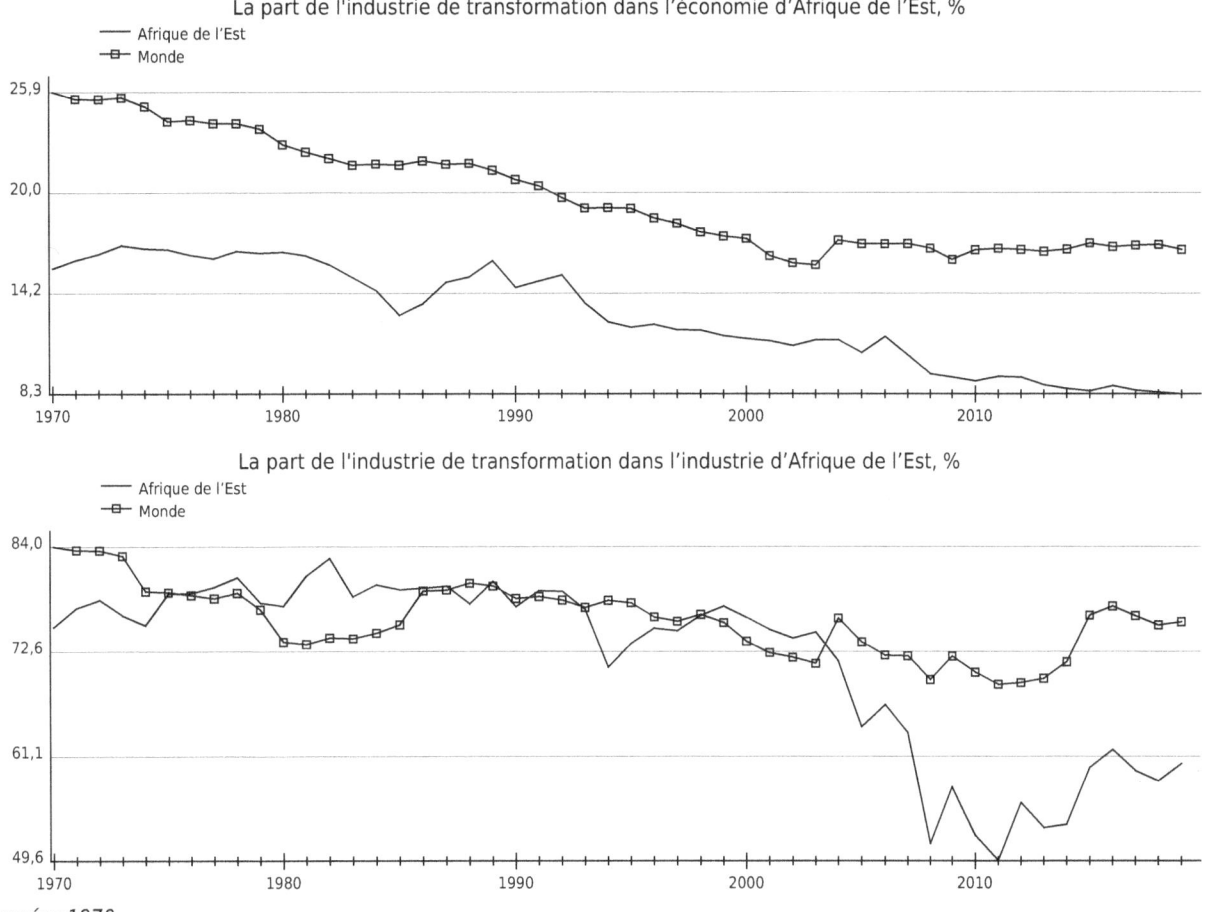

Les années 1970

La valeur ajoutée de l'industrie de transformation en Afrique de l'Est était de 5,3 milliards de dollars par an dans les années 1970. La part dans le monde était de 0,34% et de 13,1% en Afrique.

La part de la fabrication dans l'économie d'Afrique de l'Est était de 16,5% dans les années 1970, à égalité avec le Honduras (16,5%), l'Irlande (16,6%).

La fabrication par habitant en Afrique de l'Est était de 44.2 dollars dans les années 1970, à égalité avec Sao Tomé-et-Principe (45,1 de dollars). La fabrication par habitant en Afrique de l'Est était 8,7 fois inférieure la fabrication par habitant au Monde (383,2 US$), et 2,2 fois inférieure la fabrication par habitant en Afrique (99,3 US$).

La croissance de la fabrication en Afrique de l'Est était de 5% dans les années 1970, à égalité avec le Togo (5,0%). La croissance de l'industrie de transformation en Afrique de l'Est (5,0%) a été supérieure à celle du monde (3,8%), et supérieure à celle de l'Afrique (4,9%).

Comparaison avec les sous-régions. La valeur ajoutée de la fabrication en Afrique de l'Est était supérieure à celle de l'Afrique centrale (2,1 milliards de dollars); mais inférieure à celle de l'Afrique de l'Ouest (19,8 milliards de dollars), de l'Afrique australe (7,2 milliards de dollars) et de l'Afrique du Nord (6,3 milliards de dollars). La fabrication par habitant en Afrique de l'Est était inférieure à celle de l'Afrique australe (255,9 de dollars), de l'Afrique de l'Ouest (166,0 de dollars), de l'Afrique du Nord (65,2 de dollars) et de l'Afrique centrale (47,0 de dollars). La croissance de l'industrie de transformation en Afrique de l'Est était supérieure à celle de l'Afrique australe (4,9%) et de l'Afrique centrale (-0,67%); mais inférieure à celle de l'Afrique de l'Ouest (9,1%) et de l'Afrique du Nord (5,6%).

Les leaders. La valeur ajoutée de la fabrication en Afrique de l'Est dans les années 1970 comprenait: Mozambique (28,4%), Zimbabwe (16,3%), Kenya (15,7%), Tanzanie (10,6%), Zambie (7,8%), autres (21,2%). La part de la fabrication dans l'économie des leaders: Mozambique (29,1%), Zimbabwe (19,8%), Zambie (19,1%), Kenya (17,2%), Tanzanie (13,3%). La fabrication par habitant en Afrique de l'Est parmi les leaders: Mozambique (149,7 US$), Zimbabwe (140,1 US$), Zambie (85,7 US$), Kenya (62,5 US$), Tanzanie (36,0 US$). La croissance de l'industrie de transformation en Afrique de l'Est parmi les leaders: Kenya (10,6%), Tanzanie (4,5%), Mozambique (3,8%), Zimbabwe (3,5%), Zambie (1,8%).

Les années 1980

La fabrication d'Afrique de l'Est était de 8,8 milliards de dollars par an dans les années 1980 à égalité avec la Norvège (9,0 milliards de dollars). La part dans le monde était de 0,28% et de 10,3% en Afrique.

La part de l'industrie de transformation dans l'économie d'Afrique de l'Est était de 15,1% dans les années 1980, à égalité avec la Jamaïque (15,1%), le Bangladesh (15,0%), l'Asie du Sud (15,2%).

La fabrication par habitant en Afrique de l'Est était de 54.4 dollars dans les années 1980, à égalité avec l'Afghanistan (54,7 de dollars), le Cap-Vert (55,1 de dollars), l'Asie du Sud (55,6 de dollars). La fabrication par habitant en Afrique de l'Est était 12,2 fois inférieure la fabrication par habitant au Monde (661,2 US$), et 2,9 fois inférieure la fabrication par habitant en Afrique (157,6 US$).

La croissance de la fabrication en Afrique de l'Est était de 3.1% dans les années 1980, à égalité avec le Malawi (3,1%), le Chili (3,1%), la Polynésie (3,1%). La croissance de l'industrie de transformation en Afrique de l'Est (3,1%) a été supérieure à celle du monde (2,6%), et supérieure à celle de l'Afrique (2,0%).

Comparaison avec les sous-régions. La fabrication d'Afrique de l'Est était supérieure à celle de l'Afrique centrale (4,3 milliards de dollars); mais inférieure à celle de l'Afrique de l'Ouest (38,1 milliards de dollars), de l'Afrique australe (17,7 milliards de dollars) et de l'Afrique du Nord (16,5 milliards de dollars). La fabrication par habitant en Afrique de l'Est était inférieure à celle de l'Afrique australe (482,3 de dollars), de l'Afrique de l'Ouest (243,7 de dollars), de l'Afrique du Nord (130,4 de dollars) et de l'Afrique centrale (71,8 de dollars). La croissance de la fabrication en Afrique de l'Est était supérieure à celle de l'Afrique australe (2,5%), de l'Afrique centrale (1,8%) et de l'Afrique de l'Ouest (-1,1%); mais inférieure à celle de l'Afrique du Nord (6,1%).

Les leaders. La valeur de l'industrie de transformation en Afrique de l'Est dans les années 1980 comprenait: Zimbabwe (21,4%), Kenya (19,6%), Mozambique (13,6%), Tanzanie (9,4%), Zambie (9,0%), autres (27,0%). La part de la fabrication dans l'économie des leaders: Zambie (25,7%), Zimbabwe (20,2%), Mozambique (20,1%), Kenya (17,3%), Tanzanie (10,1%). La fabrication par habitant en Afrique de l'Est parmi les leaders: Zimbabwe (215,6 US$), Zambie (116,3 US$), Mozambique (96,6 US$), Kenya (88,5 US$), Tanzanie (39,0 US$). La croissance de la fabrication en Afrique de l'Est parmi les leaders: Kenya (4,8%), Zimbabwe (4,2%), Zambie (3,3%), Tanzanie (-1,6%), Mozambique (-2,3%).

Les années 1990

La valeur ajoutée de la fabrication en Afrique de l'Est était de 8,8 milliards de dollars par an dans les années 1990. La part dans le monde était de 0,17% et de 9,9% en Afrique.

La part de l'industrie de transformation dans l'économie d'Afrique de l'Est était de 13,1% dans les années 1990, à égalité avec la Jamaïque (13,0%), les Fidji (13,1%).

La fabrication par habitant en Afrique de l'Est était de 40.6 dollars dans les années 1990, à égalité avec l'Angola (41,3 de dollars). La fabrication par habitant en Afrique de l'Est était 22,4 fois inférieure la fabrication par habitant au Monde (908,4 US$), et 3,1 fois inférieure la fabrication par habitant en Afrique (124,8 US$).

La croissance de la fabrication en Afrique de l'Est était de 2.8% dans les années 1990, à égalité avec le Nicaragua (2,8%). La croissance de la fabrication en Afrique de l'Est (2,8%) a été supérieure à celle du monde (2,0%), et supérieure à celle de l'Afrique (0,55%).

Comparaison avec les sous-régions. La valeur ajoutée de l'industrie de transformation en Afrique de l'Est était supérieure à celle de l'Afrique centrale (4,0 milliards de dollars); mais inférieure à celle de l'Afrique du Nord (28,5 milliards de dollars), de l'Afrique australe (27,4 milliards de dollars) et de l'Afrique de l'Ouest (19,7 milliards de dollars). La fabrication par habitant en Afrique de l'Est était inférieure à celle de l'Afrique australe (586,9 de dollars), de l'Afrique du Nord (178,5 de dollars), de l'Afrique de l'Ouest (96,7 de dollars) et de l'Afrique centrale (48,8 de dollars). La croissance de l'industrie de transformation en Afrique de l'Est était supérieure à celle de l'Afrique australe (0,54%), de l'Afrique de l'Ouest (-0,68%) et de l'Afrique centrale (-7,1%); mais inférieure à celle de l'Afrique du Nord (4,4%).

Les leaders. La valeur ajoutée de la fabrication en Afrique de l'Est dans les années 1990 comprenait: Zimbabwe (21,9%), Kenya (21,0%), Tanzanie (10,8%), Maurice (8,5%), Zambie (7,2%), autres (30,6%). La part de l'industrie de transformation dans l'économie des leaders: Maurice (23,4%), Zambie (19,0%), Zimbabwe (17,6%), Kenya (15,6%), Tanzanie (11,5%). La fabrication par habitant en Afrique de l'Est parmi les leaders: Maurice (670,8 US$), Zimbabwe (170,5 US$), Zambie (69,8 US$), Kenya (67,2 US$), Tanzanie (32,6 US$). La croissance de la fabrication en Afrique de l'Est parmi les leaders: Maurice (5,4%), Tanzanie (4,0%), Kenya (1,7%), Zambie

Chapitre 5.1. Fabrication

(0,89%), Zimbabwe (0,81%).

Les années 2000

La valeur de la fabrication en Afrique de l'Est était de 12,0 milliards de dollars par an dans les années 2000. La part dans le monde était de 0,16% et de 9,1% en Afrique.

La part de l'industrie de transformation dans l'économie d'Afrique de l'Est était de 10,6% dans les années 2000, à égalité avec le Togo (10,7%).

La fabrication par habitant en Afrique de l'Est était de 42 dollars dans les années 2000. La fabrication par habitant en Afrique de l'Est était 27,1 fois inférieure la fabrication par habitant au Monde (1 138,1 US$), et 3,4 fois inférieure la fabrication par habitant en Afrique (144,8 US$).

La croissance de l'industrie de transformation en Afrique de l'Est était de 3.8% dans les années 2000, à égalité avec Saint-Christophe-et-Niévès (3,7%), l'Algérie (3,8%). La croissance de la fabrication en Afrique de l'Est (3,8%) a été inférieure à celle du monde (4,2%), et supérieure à celle de l'Afrique (3,5%).

Comparaison avec les sous-régions. La valeur ajoutée de la fabrication en Afrique de l'Est était supérieure à celle de l'Afrique centrale (9,1 milliards de dollars); mais inférieure à celle de l'Afrique du Nord (43,3 milliards de dollars), de l'Afrique australe (36,4 milliards de dollars) et de l'Afrique de l'Ouest (30,6 milliards de dollars). La fabrication par habitant en Afrique de l'Est était inférieure à celle de l'Afrique australe (668,5 de dollars), de l'Afrique du Nord (227,2 de dollars), de l'Afrique de l'Ouest (115,4 de dollars) et de l'Afrique centrale (81,7 de dollars). La croissance de la fabrication en Afrique de l'Est était supérieure à celle de l'Afrique australe (2,7%) et de l'Afrique de l'Ouest (1,9%); mais inférieure à celle de l'Afrique centrale (4,7%) et de l'Afrique du Nord (4,4%).

Les leaders. Le secteur de l'industrie de transformation en Afrique de l'Est dans les années 2000 comprenait: Kenya (24,0%), Tanzanie (14,4%), Maurice (9,5%), Mozambique (9,1%), Ouganda (8,7%), autres (34,4%). La part de la fabrication dans l'économie des leaders: Maurice (19,0%), Mozambique (14,7%), Kenya (13,7%), Tanzanie (9,9%), Ouganda (9,9%). La fabrication par habitant en Afrique de l'Est parmi les leaders: Maurice (930,8 US$), Kenya (79,2 US$), Mozambique (53,6 US$), Tanzanie (45,3 US$), Ouganda (38,3 US$). La croissance de l'industrie de transformation en Afrique de l'Est parmi les leaders: Mozambique (9,7%), Tanzanie (7,9%), Ouganda (5,8%), Kenya (2,8%), Maurice (1,6%).

Les années 2010

La fabrication d'Afrique de l'Est était de 25,4 milliards de dollars par an dans les années 2010. La part dans le monde était de 0,20% et de 10,6% en Afrique.

La part de la fabrication dans l'économie d'Afrique de l'Est était de 8,7% dans les années 2010.

La fabrication par habitant en Afrique de l'Est était de 66.2 dollars dans les années 2010, à égalité avec les Îles Marshall (65,6 de dollars), Djibouti (64,8 de dollars). La fabrication par habitant en Afrique de l'Est était 25,6 fois inférieure la fabrication par habitant au Monde (1 697,4 US$), et 3,1 fois inférieure la fabrication par habitant en Afrique (206,2 US$).

La croissance de l'industrie de transformation en Afrique de l'Est était de 5.4% dans les années 2010, à égalité avec le Maroc (5,5%). La croissance de l'industrie de transformation en Afrique de l'Est (5,4%) a été supérieure à celle du monde (3,9%), et supérieure à celle de l'Afrique (3,6%).

Comparaison avec les sous-régions. La fabrication d'Afrique de l'Est était 4,8% supérieure à celle de l'Afrique centrale (24,3 milliards de dollars); mais 3,2 fois inférieure à celle de l'Afrique du Nord (81,4 milliards de dollars), 2,5 fois inférieure à celle de l'Afrique de l'Ouest (62,8 milliards de dollars) et 46,0% inférieure à celle de l'Afrique australe (47,1 milliards de dollars). La fabrication par habitant en Afrique de l'Est était 11,4 fois inférieure à celle de l'Afrique australe (752,9 de dollars), 5,6 fois inférieure à celle de l'Afrique du Nord (367,7 de dollars), 2,7 fois inférieure à celle de l'Afrique de l'Ouest (180,5 de dollars) et 2,4 fois inférieure à celle de l'Afrique centrale (159,3 de dollars). La croissance de l'industrie de transformation en Afrique de l'Est était supérieure à celle de l'Afrique centrale (3,6%), de l'Afrique du Nord (2,3%) et de l'Afrique australe (1,4%); mais inférieure à celle de l'Afrique de l'Ouest (6,6%).

Les leaders. La valeur ajoutée de l'industrie de transformation en Afrique de l'Est dans les années 2010 comprenait: Kenya (23,5%), Tanzanie (16,1%), Éthiopie (11,4%), Ouganda (9,3%), Zimbabwe (8,6%), autres (31,1%). La part de l'industrie de transformation dans l'économie des leaders: Zimbabwe (12,8%), Kenya (10,0%), Ouganda (9,9%), Tanzanie (9,2%), Éthiopie (5,3%). La fabrication par habitant en Afrique de l'Est parmi les leaders: Zimbabwe (159,8 US$), Kenya (126,5 US$), Tanzanie (80,2 US$), Ouganda (62,6 US$),

Éthiopie (29,1 US$). La croissance de l'industrie de transformation en Afrique de l'Est parmi les leaders: Éthiopie (14,9%), Tanzanie (7,4%), Zimbabwe (6,8%), Ouganda (3,7%), Kenya (3,4%).

Chapitre VI. Construction

(ISIC F)

La valeur de la construction en Afrique de l'Est est passé de 1,2 milliards de dollars par an dans les années 1970 à 24,3 milliards de dollars par an dans les années 2010, c'est-à-dire 23,1 milliards de dollars ou de 20,0 fois. La variation a été de 16,2 milliards de dollars en raison de l'augmentation de 3,0 fois des prix, et de 4,3 milliards de dollars en raison de la croissance de productivité de 2,1 fois, et de 2,7 milliards de dollars en raison de la croissance démographique. La croissance annuelle moyenne de la construction était de 5,1%. La valeur minimale était de 726,9 millions de dollars en 1970. La valeur maximale était de 40,1 milliards de dollars en 2019.

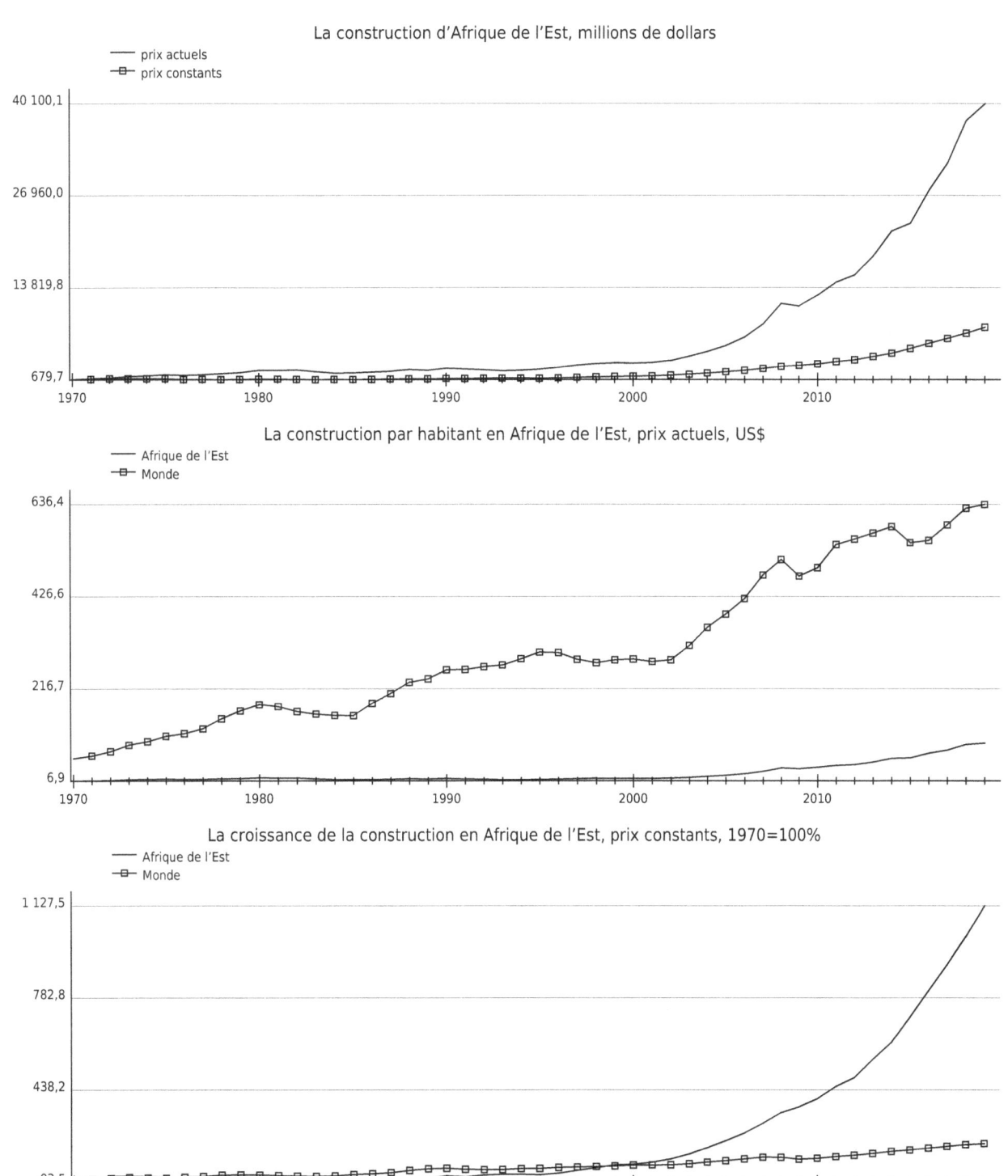

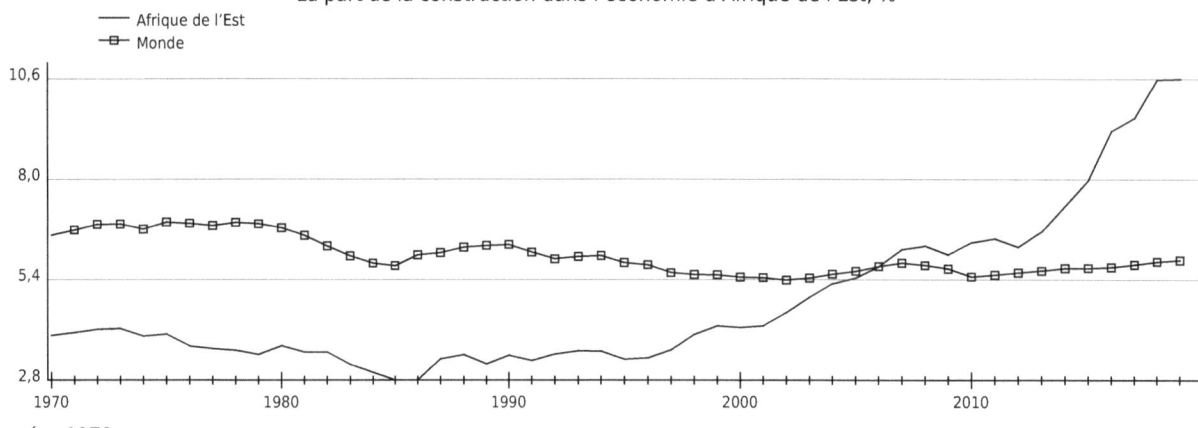

La part de la construction dans l'économie d'Afrique de l'Est, %

Les années 1970

La valeur ajoutée de la construction en Afrique de l'Est était de 1,2 milliards de dollars par an dans les années 1970 à égalité avec la Libye (1,2 milliards de dollars), les Philippines (1,2 milliards de dollars). La part dans le monde était de 0,28% et de 7,4% en Afrique.

La part de la construction dans l'économie d'Afrique de l'Est était de 3,8% dans les années 1970.

La construction par habitant en Afrique de l'Est était de 10.1 dollars dans les années 1970, à égalité avec Madagascar (10,1 de dollars), la Tanzanie (9,9 de dollars). La construction par habitant en Afrique de l'Est était 10,5 fois inférieure la construction par habitant au Monde (106,1 US$), et 4,0 fois inférieure la construction par habitant en Afrique (39,9 US$).

La croissance de la construction en Afrique de l'Est était de -0.1% dans les années 1970. La croissance de la construction en Afrique de l'Est (-0,074%) a été inférieure à celle du monde (2,1%), et inférieure à celle de l'Afrique (4,5%).

Comparaison avec les sous-régions. La valeur ajoutée de la construction en Afrique de l'Est était supérieure à celle de l'Afrique centrale (1,1 milliards de dollars); mais inférieure à celle de l'Afrique de l'Ouest (8,3 milliards de dollars), de l'Afrique du Nord (4,0 milliards de dollars) et de l'Afrique australe (1,7 milliards de dollars). La construction par habitant en Afrique de l'Est était inférieure à celle de l'Afrique de l'Ouest (69,7 de dollars), de l'Afrique australe (58,8 de dollars), de l'Afrique du Nord (41,9 de dollars) et de l'Afrique centrale (25,0 de dollars). La croissance de la construction en Afrique de l'Est était inférieure à celle de l'Afrique du Nord (7,9%), de l'Afrique de l'Ouest (6,6%), de l'Afrique australe (2,3%) et de l'Afrique centrale (1,2%).

Les leaders. La valeur ajoutée de la construction en Afrique de l'Est dans les années 1970 comprenait: Zimbabwe (13,7%), Mozambique (13,7%), Kenya (13,1%), Tanzanie (12,8%), Éthiopie (11,9%), autres (34,8%). La part de la construction dans l'économie des leaders: Éthiopie (4,1%), Zimbabwe (3,8%), Tanzanie (3,7%), Kenya (3,3%), Mozambique (3,2%). La construction par habitant en Afrique de l'Est parmi les leaders: Zimbabwe (26,9 US$), Mozambique (16,5 US$), Kenya (11,9 US$), Tanzanie (9,9 US$), Éthiopie (4,4 US$). La croissance de la construction en Afrique de l'Est parmi les leaders: Mozambique (3,8%), Kenya (3,6%), Tanzanie (1,0%), Éthiopie (-0,088%), Zimbabwe (-2,6%).

Les années 1980

La construction d'Afrique de l'Est était de 1,9 milliards de dollars par an dans les années 1980 à égalité avec la Hongrie (1,9 milliards de dollars). La part dans le monde était de 0,21% et de 6,5% en Afrique.

La part de la construction dans l'économie d'Afrique de l'Est était de 3,2% dans les années 1980.

La construction par habitant en Afrique de l'Est était de 11.6 dollars dans les années 1980, à égalité avec le Lesotho (11,6 de dollars). La construction par habitant en Afrique de l'Est était 16,0 fois inférieure la construction par habitant au Monde (186,2 US$), et 4,6 fois inférieure la construction par habitant en Afrique (53,3 US$).

La croissance de la construction en Afrique de l'Est était de 0.8% dans les années 1980, à égalité avec la république démocratique du Congo (0,82%). La croissance de la construction en Afrique de l'Est (0,82%) a été inférieure à celle du monde (1,7%), et supérieure à celle de l'Afrique (0,41%).

Comparaison avec les sous-régions. Le secteur de la construction en Afrique de l'Est était inférieur à celui de l'Afrique du Nord (12,1 milliards de dollars), de l'Afrique de l'Ouest (9,7 milliards de dollars), de l'Afrique australe (3,1 milliards de dollars) et de l'Afrique

Chapitre VI. Construction

centrale (2,1 milliards de dollars). La construction par habitant en Afrique de l'Est était inférieure à celle de l'Afrique du Nord (95,8 de dollars), de l'Afrique australe (83,5 de dollars), de l'Afrique de l'Ouest (62,4 de dollars) et de l'Afrique centrale (34,6 de dollars). La croissance de la construction en Afrique de l'Est était supérieure à celle de l'Afrique australe (-0,11%) et de l'Afrique de l'Ouest (-3,3%); mais inférieure à celle de l'Afrique du Nord (2,3%) et de l'Afrique centrale (0,98%).

Les leaders. La valeur de la construction en Afrique de l'Est dans les années 1980 comprenait: Kenya (16,5%), Zimbabwe (14,4%), Éthiopie (14,2%), Tanzanie (12,5%), Malawi (7,2%), autres (35,1%). La part de la construction dans l'économie des leaders: Malawi (6,7%), Éthiopie (4,2%), Kenya (3,1%), Zimbabwe (2,9%), Tanzanie (2,9%). La construction par habitant en Afrique de l'Est parmi les leaders: Zimbabwe (31,2 US$), Malawi (18,6 US$), Kenya (15,9 US$), Tanzanie (11,1 US$), Éthiopie (6,3 US$). La croissance de la construction en Afrique de l'Est parmi les leaders: Éthiopie (2,8%), Kenya (2,0%), Zimbabwe (0,98%), Tanzanie (0,79%), Malawi (-0,53%).

Les années 1990

La valeur ajoutée de la construction en Afrique de l'Est était de 2,4 milliards de dollars par an dans les années 1990 à égalité avec le Pérou (2,4 milliards de dollars). La part dans le monde était de 0,15% et de 9,8% en Afrique.

La part de la construction dans l'économie d'Afrique de l'Est était de 3,6% dans les années 1990.

La construction par habitant en Afrique de l'Est était de 11.1 dollars dans les années 1990, à égalité avec le Malawi (11,2 de dollars). La construction par habitant en Afrique de l'Est était 25,1 fois inférieure la construction par habitant au Monde (278,6 US$), et 3,1 fois inférieure la construction par habitant en Afrique (34,6 US$).

La croissance de la construction en Afrique de l'Est était de 3.8% dans les années 1990, à égalité avec d'Anguilla (3,8%), l'Andorre (3,8%), la Corée du Sud (3,8%). La croissance de la construction en Afrique de l'Est (3,8%) a été supérieure à celle du monde (0,71%), et supérieure à celle de l'Afrique (2,8%).

Comparaison avec les sous-régions. Le secteur de la construction en Afrique de l'Est était supérieur à celui de l'Afrique centrale (1,9 milliards de dollars); mais inférieur à celui de l'Afrique du Nord (12,3 milliards de dollars), de l'Afrique australe (4,8 milliards de dollars) et de l'Afrique de l'Ouest (3,1 milliards de dollars). La construction par habitant en Afrique de l'Est était inférieure à celle de l'Afrique australe (102,6 de dollars), de l'Afrique du Nord (77,2 de dollars), de l'Afrique centrale (22,8 de dollars) et de l'Afrique de l'Ouest (15,3 de dollars). La croissance de la construction en Afrique de l'Est était supérieure à celle de l'Afrique du Nord (3,1%), de l'Afrique centrale (1,8%) et de l'Afrique australe (-0,55%); mais inférieure à celle de l'Afrique de l'Ouest (4,8%).

Les leaders. Le secteur de la construction en Afrique de l'Est dans les années 1990 comprenait: Tanzanie (17,7%), Kenya (14,8%), Zimbabwe (10,4%), Éthiopie (10,2%), Ouganda (8,7%), autres (38,1%). La part de la construction dans l'économie des leaders: Tanzanie (5,1%), Ouganda (3,8%), Kenya (3,0%), Éthiopie (2,9%), Zimbabwe (2,3%). La construction par habitant en Afrique de l'Est parmi les leaders: Zimbabwe (22,2 US$), Tanzanie (14,6 US$), Kenya (13,0 US$), Ouganda (10,3 US$), Éthiopie (4,4 US$). La croissance de la construction en Afrique de l'Est parmi les leaders: Tanzanie (12,8%), Ouganda (12,3%), Kenya (1,8%), Éthiopie (1,7%), Zimbabwe (0,19%).

Les années 2000

La valeur de la construction en Afrique de l'Est était de 6,2 milliards de dollars par an dans les années 2000 à égalité avec Hong Kong (6,1 milliards de dollars). La part dans le monde était de 0,25% et de 12,7% en Afrique.

La part de la construction dans l'économie d'Afrique de l'Est était de 5,5% dans les années 2000, à égalité avec le Monténégro (5,5%), la Libye (5,5%), le Danemark (5,5%).

La construction par habitant en Afrique de l'Est était de 21.7 dollars dans les années 2000, à égalité avec l'Ouganda (21,4 de dollars), le Laos (21,3 de dollars). La construction par habitant en Afrique de l'Est était 17,5 fois inférieure la construction par habitant au Monde (381,3 US$), et 2,5 fois inférieure la construction par habitant en Afrique (53,8 US$).

La croissance de la construction en Afrique de l'Est était de 9.1% dans les années 2000, à égalité avec la Mélanésie (9,0%), le Bhoutan (9,1%). La croissance de la construction en Afrique de l'Est (9,1%) a été supérieure à celle du monde (1,5%), et supérieure à celle de l'Afrique (8,4%).

Comparaison avec les sous-régions. La valeur de la construction en Afrique de l'Est était supérieure à celle de l'Afrique centrale (5,5 milliards de dollars); mais inférieure à celle de l'Afrique du Nord (21,1 milliards de dollars), de l'Afrique de l'Ouest (8,6 milliards de dollars) et de l'Afrique australe (7,2 milliards de dollars). La construction par habitant en Afrique de l'Est était inférieure à celle de l'Afrique australe (133,0 de dollars), de l'Afrique du Nord (111,0 de dollars), de l'Afrique centrale (50,0 de dollars) et de l'Afrique de l'Ouest (32,5 de dollars). La croissance de la construction en Afrique de l'Est était supérieure à celle de l'Afrique australe (8,2%), de l'Afrique de l'Ouest (7,7%) et de l'Afrique du Nord (7,1%); mais inférieure à celle de l'Afrique centrale (13,7%).

Les leaders. La valeur de la construction en Afrique de l'Est dans les années 2000 comprenait: Tanzanie (25,4%), Kenya (13,9%), Zambie (12,4%), Éthiopie (10,9%), Ouganda (9,4%), autres (28,0%). La part de la construction dans l'économie des leaders: Tanzanie (9,0%), Zambie (8,9%), Ouganda (5,5%), Éthiopie (5,0%), Kenya (4,1%). La construction par habitant en Afrique de l'Est parmi les leaders: Zambie (65,4 US$), Tanzanie (41,4 US$), Kenya (23,8 US$), Ouganda (21,4 US$), Éthiopie (8,9 US$). La croissance de la construction en Afrique de l'Est parmi les leaders: Ouganda (13,3%), Zambie (12,1%), Éthiopie (11,1%), Tanzanie (9,4%), Kenya (3,8%).

Les années 2010

La valeur de la construction en Afrique de l'Est était de 24,3 milliards de dollars par an dans les années 2010 à égalité avec le Venezuela (24,2 milliards de dollars), la Belgique (24,1 milliards de dollars), l'Argentine (24,6 milliards de dollars). La part dans le monde était de 0,58% et de 19,0% en Afrique.

La part de la construction dans l'économie d'Afrique de l'Est était de 8,3% dans les années 2010, à égalité avec la Moldavie (8,3%), l'Inde (8,3%), l'Australie (8,3%).

La construction par habitant en Afrique de l'Est était de 63.3 dollars dans les années 2010, à égalité avec le Lesotho (63,8 de dollars). La construction par habitant en Afrique de l'Est était 9,0 fois inférieure la construction par habitant au Monde (572,1 US$), et 42,1% inférieure la construction par habitant en Afrique (109,4 US$).

La croissance de la construction en Afrique de l'Est était de 11.6% dans les années 2010. La croissance de la construction en Afrique de l'Est (11,6%) a été supérieure à celle du monde (2,9%), et supérieure à celle de l'Afrique (5,8%).

Comparaison avec les sous-régions. La valeur ajoutée de la construction en Afrique de l'Est était 25,5% supérieure à celle de l'Afrique centrale (19,4 milliards de dollars) et 69,4% supérieure à celle de l'Afrique australe (14,4 milliards de dollars); mais 44,0% inférieure à celle de l'Afrique du Nord (43,4 milliards de dollars) et 7,7% inférieure à celle de l'Afrique de l'Ouest (26,4 milliards de dollars). La construction par habitant en Afrique de l'Est était 3,6 fois inférieure à celle de l'Afrique australe (229,7 de dollars), 3,1 fois inférieure à celle de l'Afrique du Nord (196,1 de dollars), 2,0 fois inférieure à celle de l'Afrique centrale (127,3 de dollars) et 16,4% inférieure à celle de l'Afrique de l'Ouest (75,8 de dollars). La croissance de la construction en Afrique de l'Est était supérieure à celle de l'Afrique de l'Ouest (6,5%), de l'Afrique du Nord (5,0%), de l'Afrique centrale (3,1%) et de l'Afrique australe (1,3%).

Les leaders. La construction d'Afrique de l'Est dans les années 2010 comprenait: Éthiopie (30,6%), Tanzanie (22,8%), Kenya (13,4%), Zambie (9,1%), Ouganda (7,9%), autres (16,2%). La part de la construction dans l'économie des leaders: Éthiopie (13,6%), Tanzanie (12,5%), Zambie (9,7%), Ouganda (8,0%), Kenya (5,4%). La construction par habitant en Afrique de l'Est parmi les leaders: Zambie (141,0 US$), Tanzanie (109,1 US$), Éthiopie (74,8 US$), Kenya (68,8 US$), Ouganda (50,4 US$). La croissance de la construction en Afrique de l'Est parmi les leaders: Éthiopie (22,3%), Tanzanie (12,6%), Kenya (9,8%), Ouganda (8,2%), Zambie (3,3%).

Chapitre VII. Transport

Transport et stockage (ISIC I)

La valeur du transport en Afrique de l'Est est passé de 2,1 milliards de dollars par an dans les années 1970 à 24,5 milliards de dollars par an dans les années 2010, c'est-à-dire 22,4 milliards de dollars ou de 11,5 fois. La variation a été de 9,4 milliards de dollars en raison de l'augmentation de 1,6 fois des prix, et de 8,3 milliards de dollars en raison de la croissance de productivité de 2,2 fois, et de 4,6 milliards de dollars en raison de la croissance démographique. La croissance annuelle moyenne du transport était de 5,0%. La valeur minimale était de 1,3 milliards de dollars en 1970. La valeur maximale était de 31,2 milliards de dollars en 2019.

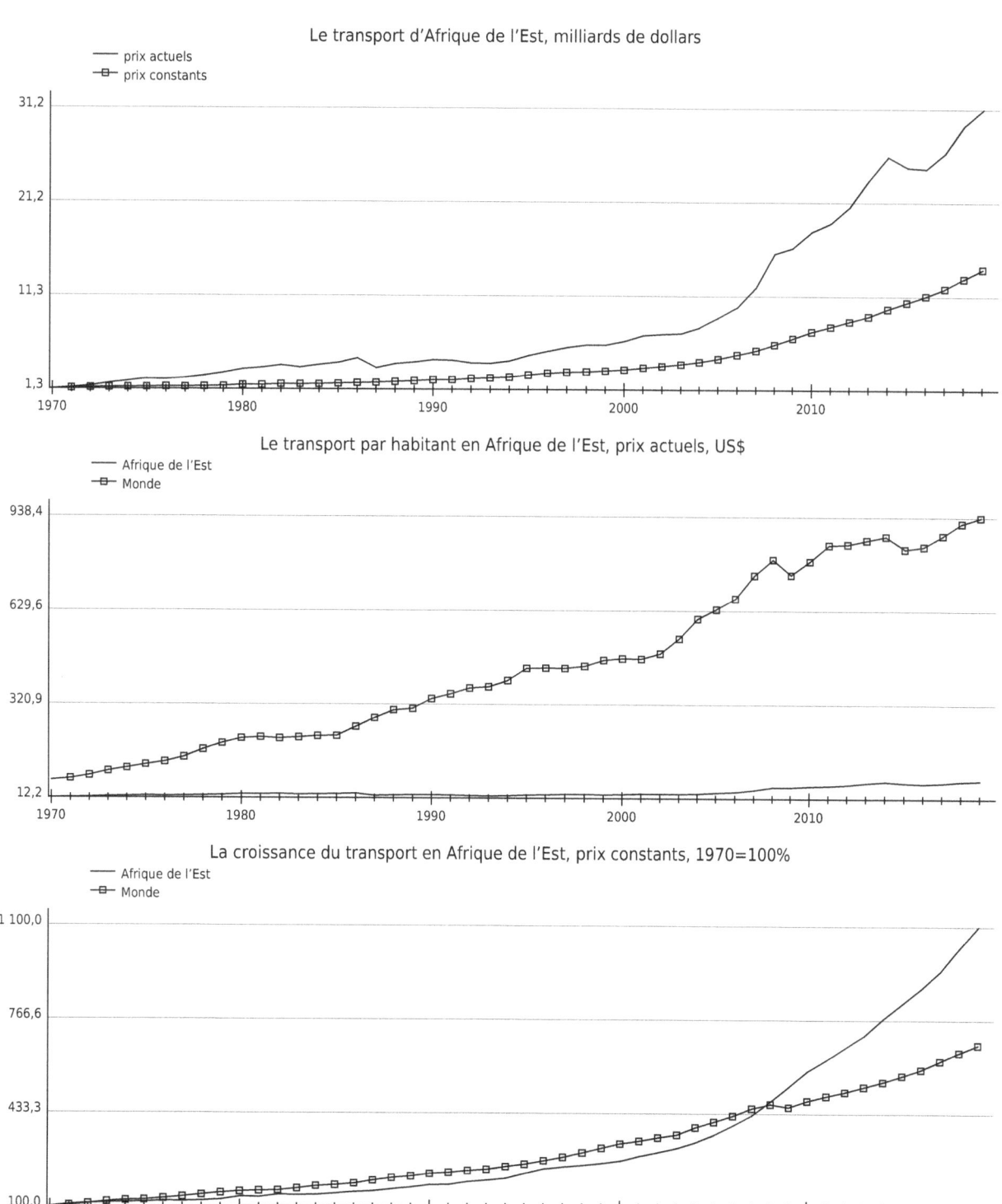

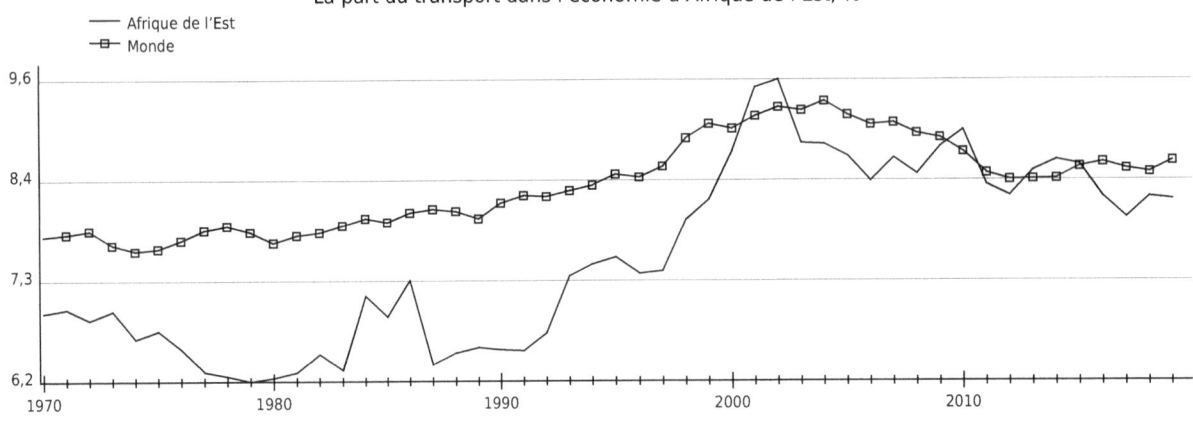

Les années 1970

La valeur du transport en Afrique de l'Est était de 2,1 milliards de dollars par an dans les années 1970. La part dans le monde était de 0,43% et de 9,3% en Afrique.

La part du transport dans l'économie d'Afrique de l'Est était de 6,6% dans les années 1970, à égalité avec la Colombie (6,6%), les Bahamas (6,5%).

Le transport par habitant en Afrique de l'Est était de 17.6 dollars dans les années 1970, à égalité avec l'Égypte (17,9 de dollars), les Comores (18,0 de dollars). Le transport par habitant en Afrique de l'Est était 6,9 fois inférieur le transport par habitant au Monde (122,3 US$), et 3,2 fois inférieur le transport par habitant en Afrique (55,9 US$).

La croissance du transport en Afrique de l'Est était de 2.5% dans les années 1970, à égalité avec l'Europe du Nord (2,5%). La croissance du transport en Afrique de l'Est (2,5%) a été inférieure à celle du monde (4,6%), et inférieure à celle de l'Afrique (6,8%).

Comparaison avec les sous-régions. La valeur du transport en Afrique de l'Est était supérieure à celle de l'Afrique centrale (1,7 milliards de dollars); mais inférieure à celle de l'Afrique de l'Ouest (12,7 milliards de dollars), de l'Afrique australe (3,4 milliards de dollars) et de l'Afrique du Nord (3,1 milliards de dollars). Le transport par habitant en Afrique de l'Est était inférieur à celui de l'Afrique australe (121,2 de dollars), de l'Afrique de l'Ouest (106,1 de dollars), de l'Afrique centrale (36,4 de dollars) et de l'Afrique du Nord (31,8 de dollars). La croissance du transport en Afrique de l'Est était supérieure à celle de l'Afrique centrale (1,3%); mais inférieure à celle de l'Afrique du Nord (10,7%), de l'Afrique de l'Ouest (7,8%) et de l'Afrique australe (5,5%).

Les leaders. La valeur du transport en Afrique de l'Est dans les années 1970 comprenait: Mozambique (22,6%), Tanzanie (16,5%), Zimbabwe (14,1%), Kenya (12,0%), Madagascar (8,5%), autres (26,3%). La part du transport dans l'économie des leaders: Mozambique (9,2%), Madagascar (8,4%), Tanzanie (8,3%), Zimbabwe (6,9%), Kenya (5,2%). Le transport par habitant en Afrique de l'Est parmi les leaders: Zimbabwe (48,5 US$), Mozambique (47,5 US$), Madagascar (24,1 US$), Tanzanie (22,4 US$), Kenya (19,0 US$). La croissance du transport en Afrique de l'Est parmi les leaders: Kenya (4,2%), Mozambique (3,8%), Tanzanie (3,6%), Madagascar (0,97%), Zimbabwe (-1,2%).

Les années 1980

La valeur ajoutée du transport en Afrique de l'Est était de 3,9 milliards de dollars par an dans les années 1980. La part dans le monde était de 0,33% et de 7,9% en Afrique.

La part du transport dans l'économie d'Afrique de l'Est était de 6,6% dans les années 1980, à égalité avec la Colombie (6,6%), l'Asie de l'Ouest (6,6%), l'Amérique centrale (6,7%).

Le transport par habitant en Afrique de l'Est était de 23.9 dollars dans les années 1980, à égalité avec le Bénin (23,6 de dollars). Le transport par habitant en Afrique de l'Est était 10,1 fois inférieur le transport par habitant au Monde (242,0 US$), et 3,8 fois inférieur le transport par habitant en Afrique (90,3 US$).

La croissance du transport en Afrique de l'Est était de 3.1% dans les années 1980, à égalité avec l'Islande (3,1%). La croissance du transport en Afrique de l'Est (3,1%) a été inférieure à celle du monde (3,4%), et supérieure à celle de l'Afrique (-0,23%).

Comparaison avec les sous-régions. Le secteur du transport en Afrique de l'Est était supérieur à celui de l'Afrique centrale (3,4

Chapitre VII. Transport

milliards de dollars); mais inférieur à celui de l'Afrique de l'Ouest (25,3 milliards de dollars), de l'Afrique du Nord (9,0 milliards de dollars) et de l'Afrique australe (7,4 milliards de dollars). Le transport par habitant en Afrique de l'Est était inférieur à celui de l'Afrique australe (201,2 de dollars), de l'Afrique de l'Ouest (161,7 de dollars), de l'Afrique du Nord (71,3 de dollars) et de l'Afrique centrale (56,4 de dollars). La croissance du transport en Afrique de l'Est était supérieure à celle de l'Afrique australe (2,2%), de l'Afrique centrale (2,1%) et de l'Afrique de l'Ouest (-4,0%); mais inférieure à celle de l'Afrique du Nord (4,8%).

Les leaders. Le secteur du transport en Afrique de l'Est dans les années 1980 comprenait: Tanzanie (18,1%), Mozambique (17,5%), Kenya (15,4%), Zimbabwe (13,9%), Éthiopie (10,3%), autres (24,8%). La part du transport dans l'économie des leaders: Mozambique (11,3%), Tanzanie (8,5%), Éthiopie (6,3%), Kenya (6,0%), Zimbabwe (5,8%). Le transport par habitant en Afrique de l'Est parmi les leaders: Zimbabwe (61,6 US$), Mozambique (54,6 US$), Tanzanie (32,9 US$), Kenya (30,6 US$), Éthiopie (9,5 US$). La croissance du transport en Afrique de l'Est parmi les leaders: Éthiopie (5,8%), Kenya (5,5%), Zimbabwe (4,1%), Tanzanie (1,3%), Mozambique (-1,1%).

Les années 1990

La valeur du transport en Afrique de l'Est était de 4,9 milliards de dollars par an dans les années 1990 à égalité avec la Nouvelle-Zélande (5,1 milliards de dollars). La part dans le monde était de 0,21% et de 11,1% en Afrique.

La part du transport dans l'économie d'Afrique de l'Est était de 7,4% dans les années 1990, à égalité avec le Portugal (7,3%), l'Asie du Sud (7,3%), les Palaos (7,4%).

Le transport par habitant en Afrique de l'Est était de 22.9 dollars dans les années 1990. Le transport par habitant en Afrique de l'Est était 17,9 fois inférieur le transport par habitant au Monde (409,5 US$), et 2,8 fois inférieur le transport par habitant en Afrique (63,1 US$).

La croissance du transport en Afrique de l'Est était de 4.2% dans les années 1990, à égalité avec le Portugal (4,1%), d'Israël (4,2%). La croissance du transport en Afrique de l'Est (4,2%) a été supérieure à celle du monde (4,0%), et supérieure à celle de l'Afrique (3,3%).

Comparaison avec les sous-régions. La valeur du transport en Afrique de l'Est était supérieure à celle de l'Afrique centrale (3,6 milliards de dollars); mais inférieure à celle de l'Afrique du Nord (16,9 milliards de dollars), de l'Afrique australe (12,9 milliards de dollars) et de l'Afrique de l'Ouest (6,4 milliards de dollars). Le transport par habitant en Afrique de l'Est était inférieur à celui de l'Afrique australe (275,5 de dollars), de l'Afrique du Nord (105,8 de dollars), de l'Afrique centrale (43,7 de dollars) et de l'Afrique de l'Ouest (31,6 de dollars). La croissance du transport en Afrique de l'Est était supérieure à celle de l'Afrique du Nord (3,9%), de l'Afrique de l'Ouest (2,9%) et de l'Afrique centrale (-0,72%); mais inférieure à celle de l'Afrique australe (4,2%).

Les leaders. Le secteur du transport en Afrique de l'Est dans les années 1990 comprenait: Tanzanie (20,9%), Kenya (17,1%), Zimbabwe (11,4%), Mozambique (10,3%), Maurice (7,3%), autres (33,0%). La part du transport dans l'économie des leaders: Mozambique (14,3%), Tanzanie (12,6%), Maurice (11,2%), Kenya (7,2%), Zimbabwe (5,2%). Le transport par habitant en Afrique de l'Est parmi les leaders: Maurice (322,3 US$), Zimbabwe (49,9 US$), Tanzanie (35,6 US$), Mozambique (33,8 US$), Kenya (30,9 US$). La croissance du transport en Afrique de l'Est parmi les leaders: Mozambique (8,8%), Maurice (7,2%), Zimbabwe (4,8%), Tanzanie (4,0%), Kenya (2,2%).

Les années 2000

Le secteur du transport en Afrique de l'Est était de 9,9 milliards de dollars par an dans les années 2000 à égalité avec l'Ukraine (9,9 milliards de dollars), la Malaisie (9,8 milliards de dollars). La part dans le monde était de 0,25% et de 11,0% en Afrique.

La part du transport dans l'économie d'Afrique de l'Est était de 8,8% dans les années 2000, à égalité avec l'Albanie (8,8%), l'Uruguay (8,8%), l'Afrique du Nord (8,8%).

Le transport par habitant en Afrique de l'Est était de 34.8 dollars dans les années 2000, à égalité avec le Cambodge (35,2 de dollars). Le transport par habitant en Afrique de l'Est était 17,8 fois inférieur le transport par habitant au Monde (621,1 US$), et 2,9 fois inférieur le transport par habitant en Afrique (99,3 US$).

La croissance du transport en Afrique de l'Est était de 7.5% dans les années 2000, à égalité avec la Bulgarie (7,4%), le Bangladesh (7,5%), le Cambodge (7,6%). La croissance du transport en Afrique de l'Est (7,5%) a été supérieure à celle du monde (3,9%), et inférieure à celle de l'Afrique (7,8%).

Comparaison avec les sous-régions. La valeur du transport en Afrique de l'Est était supérieure à celle de l'Afrique centrale (6,1 milliards de dollars); mais inférieure à celle de l'Afrique du Nord (32,6 milliards de dollars), de l'Afrique australe (22,1 milliards de dollars) et de l'Afrique de l'Ouest (19,3 milliards de dollars). Le transport par habitant en Afrique de l'Est était inférieur à celui de l'Afrique australe (405,7 de dollars), de l'Afrique du Nord (171,1 de dollars), de l'Afrique de l'Ouest (72,9 de dollars) et de l'Afrique centrale (55,3 de dollars). La croissance du transport en Afrique de l'Est était supérieure à celle de l'Afrique centrale (7,0%) et de l'Afrique australe (5,6%); mais inférieure à celle de l'Afrique de l'Ouest (8,9%) et de l'Afrique du Nord (7,9%).

Les leaders. La valeur du transport en Afrique de l'Est dans les années 2000 comprenait: Kenya (20,2%), Tanzanie (19,1%), Mozambique (10,1%), Ouganda (8,0%), Maurice (7,1%), autres (35,5%). La part du transport dans l'économie des leaders: Mozambique (13,6%), Maurice (11,8%), Tanzanie (10,9%), Kenya (9,6%), Ouganda (7,5%). Le transport par habitant en Afrique de l'Est parmi les leaders: Maurice (577,4 US$), Kenya (55,4 US$), Tanzanie (49,9 US$), Mozambique (49,8 US$), Ouganda (29,0 US$). La croissance du transport en Afrique de l'Est parmi les leaders: Ouganda (14,9%), Maurice (8,9%), Kenya (8,2%), Tanzanie (7,6%), Mozambique (7,3%).

Les années 2010

Le secteur du transport en Afrique de l'Est était de 24,5 milliards de dollars par an dans les années 2010 à égalité avec les Caraïbes (24,4 milliards de dollars). La part dans le monde était de 0,39% et de 12,1% en Afrique.

La part du transport dans l'économie d'Afrique de l'Est était de 8,4% dans les années 2010, à égalité avec le Cambodge (8,4%), l'Espagne (8,4%), le Portugal (8,4%).

Le transport par habitant en Afrique de l'Est était de 63.7 dollars dans les années 2010, à égalité avec le Lesotho (62,9 de dollars). Le transport par habitant en Afrique de l'Est était 13,6 fois inférieur le transport par habitant au Monde (864,8 US$), et 2,7 fois inférieur le transport par habitant en Afrique (173,7 US$).

La croissance du transport en Afrique de l'Est était de 7.6% dans les années 2010, à égalité avec le Burkina Faso (7,6%), l'Ouzbékistan (7,6%), le Cambodge (7,7%). La croissance du transport en Afrique de l'Est (7,6%) a été supérieure à celle du monde (4,0%), et supérieure à celle de l'Afrique (3,8%).

Comparaison avec les sous-régions. La valeur ajoutée du transport en Afrique de l'Est était 67,8% supérieure à celle de l'Afrique centrale (14,6 milliards de dollars); mais 2,9 fois inférieure à celle de l'Afrique de l'Ouest (70,0 milliards de dollars), 2,5 fois inférieure à celle de l'Afrique du Nord (60,3 milliards de dollars) et 27,0% inférieure à celle de l'Afrique australe (33,5 milliards de dollars). Le transport par habitant en Afrique de l'Est était 8,4 fois inférieur à celui de l'Afrique australe (536,4 de dollars), 4,3 fois inférieur à celui de l'Afrique du Nord (272,4 de dollars), 3,2 fois inférieur à celui de l'Afrique de l'Ouest (201,2 de dollars) et 33,5% inférieur à celui de l'Afrique centrale (95,8 de dollars). La croissance du transport en Afrique de l'Est était supérieure à celle de l'Afrique centrale (5,1%), de l'Afrique du Nord (4,2%), de l'Afrique de l'Ouest (2,9%) et de l'Afrique australe (2,1%).

Les leaders. La valeur du transport en Afrique de l'Est dans les années 2010 comprenait: Kenya (24,7%), Tanzanie (17,0%), Éthiopie (9,7%), Zimbabwe (8,2%), Zambie (7,2%), autres (33,2%). La part du transport dans l'économie des leaders: Zimbabwe (11,8%), Kenya (10,1%), Tanzanie (9,4%), Zambie (7,8%), Éthiopie (4,3%). Le transport par habitant en Afrique de l'Est parmi les leaders: Zimbabwe (147,1 US$), Kenya (127,9 US$), Zambie (113,0 US$), Tanzanie (81,6 US$), Éthiopie (23,8 US$). La croissance du transport en Afrique de l'Est parmi les leaders: Éthiopie (13,5%), Tanzanie (8,5%), Kenya (7,7%), Zambie (7,4%), Zimbabwe (2,5%).

Chapitre VIII. Commerce

Commerce de gros et de détail; restaurants et hôtels (ISIC G-H)

Le commerce d'Afrique de l'Est est passé de 4,1 milliards de dollars par an dans les années 1970 à 44,0 milliards de dollars par an dans les années 2010, c'est-à-dire 39,9 milliards de dollars ou de 10,8 fois. La variation a été de 22,2 milliards de dollars en raison de l'augmentation de 2,0 fois des prix, et de 8,9 milliards de dollars en raison de la croissance de productivité de 1,7 fois, et de 8,9 milliards de dollars en raison de la croissance démographique. La croissance annuelle moyenne du commerce était de 4,3%. La valeur minimale était de 2,3 milliards de dollars en 1970. La valeur maximale était de 55,3 milliards de dollars en 2019.

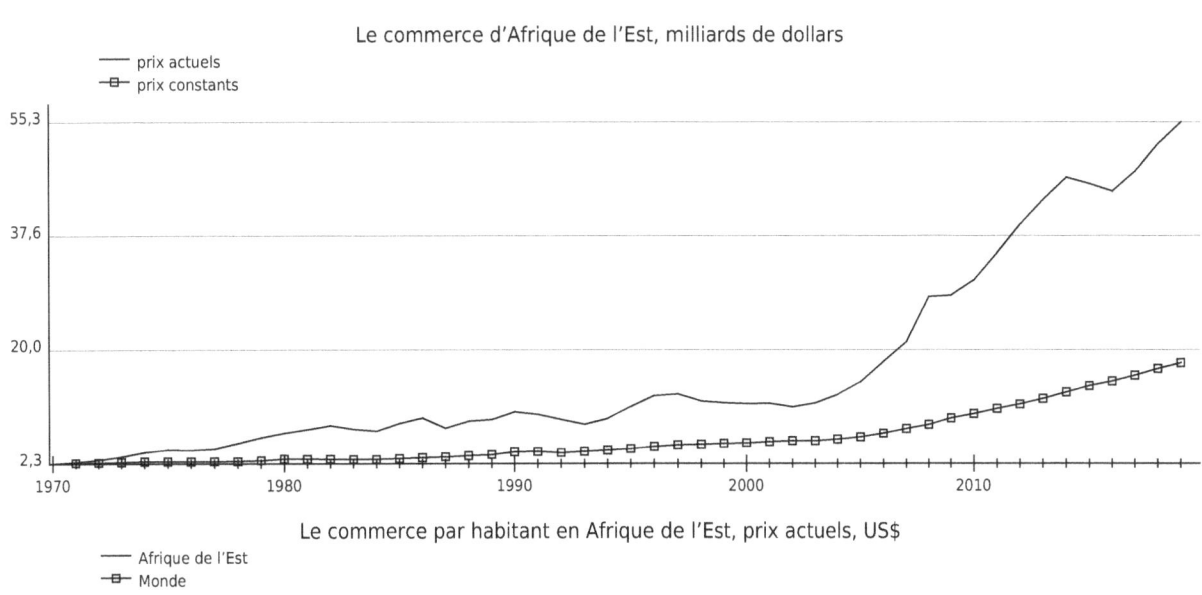

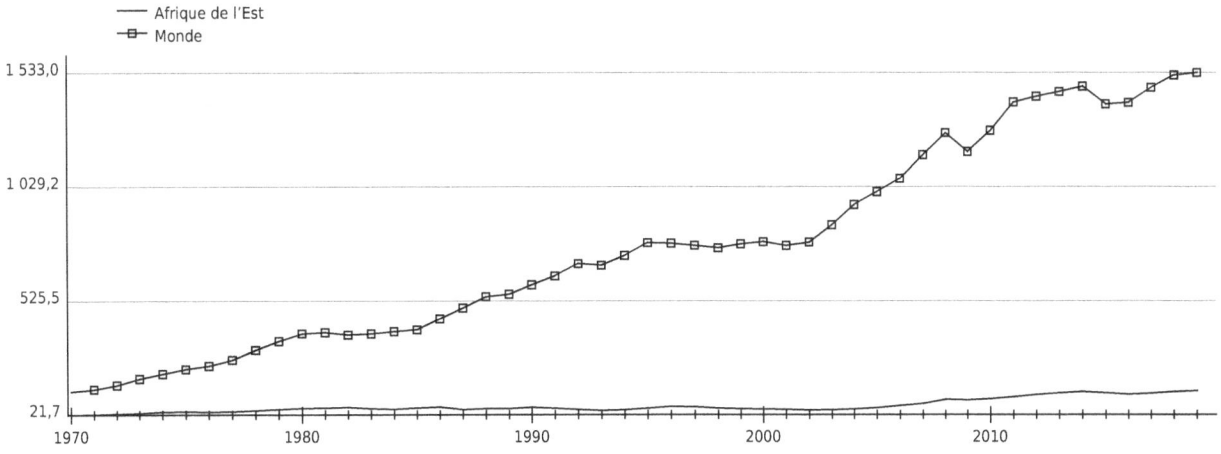

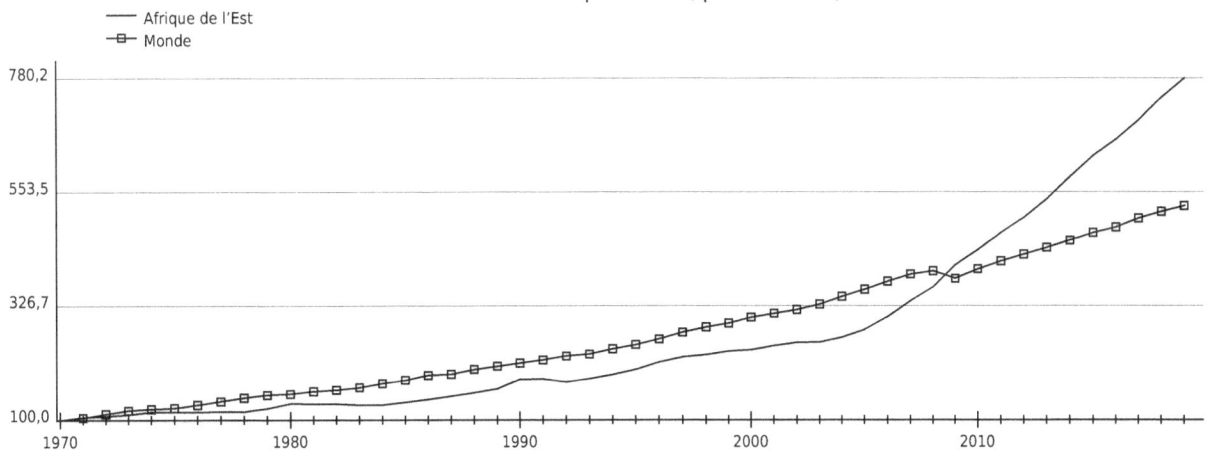

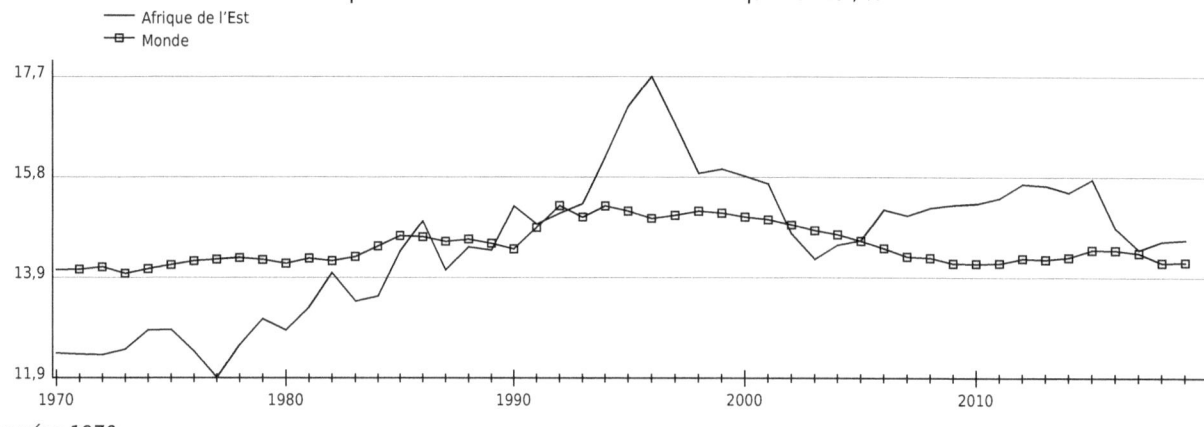

La part du commerce dans l'économie d'Afrique de l'Est, %

Les années 1970

La valeur du commerce en Afrique de l'Est était de 4,1 milliards de dollars par an dans les années 1970 à égalité avec la Corée du Sud (4,1 milliards de dollars). La part dans le monde était de 0,46% et de 13,4% en Afrique.

La part du commerce dans l'économie d'Afrique de l'Est était de 12,6% dans les années 1970, à égalité avec le Togo (12,6%), les Philippines (12,5%), l'Angola (12,7%).

Le commerce par habitant en Afrique de l'Est était de 33.7 dollars dans les années 1970, à égalité avec la Birmanie (33,3 de dollars), le Soudan (34,1 de dollars). Le commerce par habitant en Afrique de l'Est était 6,6 fois inférieur le commerce par habitant au Monde (221,0 US$), et 2,2 fois inférieur le commerce par habitant en Afrique (73,8 US$).

La croissance du commerce en Afrique de l'Est était de 2.3% dans les années 1970. La croissance du commerce en Afrique de l'Est (2,3%) a été inférieure à celle du monde (4,5%), et inférieure à celle de l'Afrique (4,6%).

Comparaison avec les sous-régions. La valeur du commerce en Afrique de l'Est était supérieure à celle de l'Afrique centrale (3,3 milliards de dollars); mais inférieure à celle de l'Afrique de l'Ouest (11,6 milliards de dollars), de l'Afrique du Nord (6,7 milliards de dollars) et de l'Afrique australe (4,6 milliards de dollars). Le commerce par habitant en Afrique de l'Est était inférieur à celui de l'Afrique australe (163,1 de dollars), de l'Afrique de l'Ouest (97,4 de dollars), de l'Afrique centrale (71,7 de dollars) et de l'Afrique du Nord (69,8 de dollars). La croissance du commerce en Afrique de l'Est était supérieure à celle de l'Afrique centrale (1,8%); mais inférieure à celle de l'Afrique du Nord (7,7%), de l'Afrique de l'Ouest (5,4%) et de l'Afrique australe (2,8%).

Les leaders. La valeur ajoutée du commerce en Afrique de l'Est dans les années 1970 comprenait: Zimbabwe (25,1%), Tanzanie (15,3%), Mozambique (11,8%), Éthiopie (8,4%), Madagascar (8,4%), autres (31,0%). La part du commerce dans l'économie des leaders: Zimbabwe (23,2%), Madagascar (15,8%), Tanzanie (14,7%), Éthiopie (9,7%), Mozambique (9,3%). Le commerce par habitant en Afrique de l'Est parmi les leaders: Zimbabwe (164,4 US$), Mozambique (47,5 US$), Madagascar (45,6 US$), Tanzanie (39,7 US$), Éthiopie (10,3 US$). La croissance du commerce en Afrique de l'Est parmi les leaders: Mozambique (3,9%), Zimbabwe (1,9%), Éthiopie (1,8%), Tanzanie (1,2%), Madagascar (0,97%).

Les années 1980

La valeur du commerce en Afrique de l'Est était de 8,2 milliards de dollars par an dans les années 1980 à égalité avec la Finlande (8,0 milliards de dollars), l'Arabie saoudite (8,0 milliards de dollars). La part dans le monde était de 0,39% et de 12,4% en Afrique.

La part du commerce dans l'économie d'Afrique de l'Est était de 13,9% dans les années 1980, à égalité avec l'Algérie (13,9%), l'Asie (14,0%), le Paraguay (14,0%).

Le commerce par habitant en Afrique de l'Est était de 50.4 dollars dans les années 1980, à égalité avec les Tuvalu (50,0 de dollars), Sierra Leone (49,9 de dollars), le Bénin (51,0 de dollars). Le commerce par habitant en Afrique de l'Est était 8,7 fois inférieur le commerce par habitant au Monde (437,7 US$), et 2,4 fois inférieur le commerce par habitant en Afrique (121,8 US$).

La croissance du commerce en Afrique de l'Est était de 2.8% dans les années 1980, à égalité avec l'Afrique centrale (2,8%), le Cambodge (2,8%), les Seychelles (2,8%). La croissance du commerce en Afrique de l'Est (2,8%) a été inférieure à celle du monde (3,3%), et supérieure à celle de l'Afrique (2,7%).

Chapitre VIII. Commerce

Comparaison avec les sous-régions. La valeur ajoutée du commerce en Afrique de l'Est était supérieure à celle de l'Afrique centrale (5,4 milliards de dollars); mais inférieure à celle de l'Afrique de l'Ouest (23,7 milliards de dollars), de l'Afrique du Nord (18,5 milliards de dollars) et de l'Afrique australe (10,2 milliards de dollars). Le commerce par habitant en Afrique de l'Est était inférieur à celui de l'Afrique australe (277,1 de dollars), de l'Afrique de l'Ouest (151,9 de dollars), de l'Afrique du Nord (146,4 de dollars) et de l'Afrique centrale (90,2 de dollars). La croissance du commerce en Afrique de l'Est était supérieure à celle de l'Afrique de l'Ouest (0,47%); mais inférieure à celle de l'Afrique du Nord (4,9%), de l'Afrique australe (3,2%) et de l'Afrique centrale (2,8%).

Les leaders. La valeur ajoutée du commerce en Afrique de l'Est dans les années 1980 comprenait: Zimbabwe (29,1%), Tanzanie (15,7%), Ouganda (9,2%), Mozambique (8,3%), Éthiopie (8,3%), autres (29,4%). La part du commerce dans l'économie des leaders: Zimbabwe (25,5%), Ouganda (16,3%), Tanzanie (15,5%), Mozambique (11,4%), Éthiopie (10,6%). Le commerce par habitant en Afrique de l'Est parmi les leaders: Zimbabwe (271,9 US$), Tanzanie (60,2 US$), Mozambique (54,7 US$), Ouganda (51,9 US$), Éthiopie (16,1 US$). La croissance du commerce en Afrique de l'Est parmi les leaders: Ouganda (3,3%), Éthiopie (2,9%), Zimbabwe (2,8%), Tanzanie (2,4%), Mozambique (-1,3%).

Les années 1990

Le commerce d'Afrique de l'Est était de 10,8 milliards de dollars par an dans les années 1990 à égalité avec Singapour (10,8 milliards de dollars), la Malaisie (10,9 milliards de dollars). La part dans le monde était de 0,26% et de 12,7% en Afrique.

La part du commerce dans l'économie d'Afrique de l'Est était de 16,1% dans les années 1990, à égalité avec le Cambodge (16,2%).

Le commerce par habitant en Afrique de l'Est était de 50 dollars dans les années 1990, à égalité avec l'Irak (49,6 de dollars), la Tanzanie (49,5 de dollars). Le commerce par habitant en Afrique de l'Est était 14,4 fois inférieur le commerce par habitant au Monde (721,8 US$), et 2,4 fois inférieur le commerce par habitant en Afrique (120,3 US$).

La croissance du commerce en Afrique de l'Est était de 3.9% dans les années 1990, à égalité avec le Luxembourg (3,9%), les Comores (3,9%), le Danemark (3,9%). La croissance du commerce en Afrique de l'Est (3,9%) a été supérieure à celle du monde (3,5%), et supérieure à celle de l'Afrique (2,8%).

Comparaison avec les sous-régions. Le secteur du commerce en Afrique de l'Est était supérieur à celui de l'Afrique centrale (6,0 milliards de dollars); mais inférieur à celui de l'Afrique du Nord (30,2 milliards de dollars), de l'Afrique australe (19,6 milliards de dollars) et de l'Afrique de l'Ouest (18,5 milliards de dollars). Le commerce par habitant en Afrique de l'Est était inférieur à celui de l'Afrique australe (420,4 de dollars), de l'Afrique du Nord (189,4 de dollars), de l'Afrique de l'Ouest (91,1 de dollars) et de l'Afrique centrale (73,5 de dollars). La croissance du commerce en Afrique de l'Est était supérieure à celle de l'Afrique de l'Ouest (2,5%), de l'Afrique australe (2,1%) et de l'Afrique centrale (-1,3%); mais inférieure à celle de l'Afrique du Nord (4,3%).

Les leaders. La valeur du commerce en Afrique de l'Est dans les années 1990 comprenait: Zimbabwe (28,7%), Tanzanie (13,3%), Éthiopie (10,2%), Kenya (9,0%), Ouganda (7,2%), autres (31,6%). La part du commerce dans l'économie des leaders: Zimbabwe (28,5%), Tanzanie (17,5%), Ouganda (14,2%), Éthiopie (13,1%), Kenya (8,2%). Le commerce par habitant en Afrique de l'Est parmi les leaders: Zimbabwe (275,8 US$), Tanzanie (49,5 US$), Ouganda (38,5 US$), Kenya (35,5 US$), Éthiopie (19,5 US$). La croissance du commerce en Afrique de l'Est parmi les leaders: Ouganda (8,8%), Éthiopie (4,4%), Tanzanie (4,1%), Zimbabwe (3,8%), Kenya (2,8%).

Les années 2000

Le commerce d'Afrique de l'Est était de 17,0 milliards de dollars par an dans les années 2000 à égalité avec la Tchéquie (17,0 milliards de dollars). La part dans le monde était de 0,26% et de 11,4% en Afrique.

La part du commerce dans l'économie d'Afrique de l'Est était de 15,0% dans les années 2000, à égalité avec Saint-Christophe-et-Niévès (15,0%), Curaçao (15,0%), le Malawi (15,0%).

Le commerce par habitant en Afrique de l'Est était de 59.5 dollars dans les années 2000, à égalité avec l'Ouganda (59,2 de dollars). Le commerce par habitant en Afrique de l'Est était 16,6 fois inférieur le commerce par habitant au Monde (990,3 US$), et 2,8 fois inférieur le commerce par habitant en Afrique (164,0 US$).

La croissance du commerce en Afrique de l'Est était de 5.6% dans les années 2000, à égalité avec d'Oman (5,5%), l'Asie du Sud-Est (5,5%), le Malawi (5,6%). La croissance du commerce en Afrique de l'Est (5,6%) a été supérieure à celle du monde (2,7%), et inférieure à celle de l'Afrique (5,9%).

Comparaison avec les sous-régions. Le secteur du commerce en Afrique de l'Est était supérieur à celui de l'Afrique centrale (13,0 milliards de dollars); mais inférieur à celui de l'Afrique du Nord (45,8 milliards de dollars), de l'Afrique de l'Ouest (42,6 milliards de dollars) et de l'Afrique australe (30,3 milliards de dollars). Le commerce par habitant en Afrique de l'Est était inférieur à celui de l'Afrique australe (557,8 de dollars), de l'Afrique du Nord (240,7 de dollars), de l'Afrique de l'Ouest (160,4 de dollars) et de l'Afrique centrale (116,9 de dollars). La croissance du commerce en Afrique de l'Est était supérieure à celle de l'Afrique du Nord (4,5%) et de l'Afrique australe (4,0%); mais inférieure à celle de l'Afrique de l'Ouest (8,0%) et de l'Afrique centrale (7,8%).

Les leaders. La valeur du commerce en Afrique de l'Est dans les années 2000 comprenait: Tanzanie (14,4%), Éthiopie (12,7%), Kenya (11,9%), Zambie (11,5%), Zimbabwe (10,3%), autres (39,2%). La part du commerce dans l'économie des leaders: Zimbabwe (24,0%), Zambie (22,6%), Éthiopie (16,1%), Tanzanie (14,0%), Kenya (9,6%). Le commerce par habitant en Afrique de l'Est parmi les leaders: Zambie (165,8 US$), Zimbabwe (144,5 US$), Tanzanie (64,2 US$), Kenya (55,9 US$), Éthiopie (28,6 US$). La croissance du commerce en Afrique de l'Est parmi les leaders: Éthiopie (10,1%), Zambie (6,7%), Tanzanie (6,6%), Kenya (4,4%), Zimbabwe (-1,0%).

Les années 2010

Le commerce d'Afrique de l'Est était de 44,0 milliards de dollars par an dans les années 2010. La part dans le monde était de 0,42% et de 12,9% en Afrique.

La part du commerce dans l'économie d'Afrique de l'Est était de 15,1% dans les années 2010, à égalité avec Macao (15,1%), l'Afrique australe (15,1%), les Pays-Bas (15,2%).

Le commerce par habitant en Afrique de l'Est était de 114.5 dollars dans les années 2010, à égalité avec les Kiribati (112,2 de dollars), le Kenya (116,9 de dollars), le Népal (116,9 de dollars). Le commerce par habitant en Afrique de l'Est était 12,5 fois inférieur le commerce par habitant au Monde (1 436,8 US$), et 2,5 fois inférieur le commerce par habitant en Afrique (291,7 US$).

La croissance du commerce en Afrique de l'Est était de 6.7% dans les années 2010, à égalité avec les Maldives (6,7%), la Moldavie (6,7%), les Philippines (6,7%). La croissance du commerce en Afrique de l'Est (6,7%) a été supérieure à celle du monde (3,3%), et supérieure à celle de l'Afrique (3,4%).

Comparaison avec les sous-régions. La valeur du commerce en Afrique de l'Est était 14,7% supérieure à celle de l'Afrique centrale (38,4 milliards de dollars); mais 2,5 fois inférieure à celle de l'Afrique de l'Ouest (109,3 milliards de dollars), 2,2 fois inférieure à celle de l'Afrique du Nord (95,7 milliards de dollars) et 17,6% inférieure à celle de l'Afrique australe (53,4 milliards de dollars). Le commerce par habitant en Afrique de l'Est était 7,5 fois inférieur à celui de l'Afrique australe (853,8 de dollars), 3,8 fois inférieur à celui de l'Afrique du Nord (432,5 de dollars), 2,7 fois inférieur à celui de l'Afrique de l'Ouest (314,3 de dollars) et 2,2 fois inférieur à celui de l'Afrique centrale (251,9 de dollars). La croissance du commerce en Afrique de l'Est était supérieure à celle de l'Afrique du Nord (3,2%), de l'Afrique de l'Ouest (3,1%), de l'Afrique centrale (2,9%) et de l'Afrique australe (2,3%).

Les leaders. La valeur du commerce en Afrique de l'Est dans les années 2010 comprenait: Éthiopie (21,7%), Kenya (12,6%), Tanzanie (12,4%), Zambie (12,3%), Ouganda (9,4%), autres (31,5%). La part du commerce dans l'économie des leaders: Zambie (23,8%), Éthiopie (17,4%), Ouganda (17,3%), Tanzanie (12,3%), Kenya (9,2%). Le commerce par habitant en Afrique de l'Est parmi les leaders: Zambie (346,0 US$), Kenya (116,9 US$), Ouganda (109,3 US$), Tanzanie (107,4 US$), Éthiopie (95,9 US$). La croissance du commerce en Afrique de l'Est parmi les leaders: Éthiopie (11,7%), Kenya (6,3%), Zambie (6,2%), Tanzanie (6,2%), Ouganda (5,3%).

Chapitre IX. Services

(ISIC J-P)

Le secteur des services en Afrique de l'Est est passé de 7,7 milliards de dollars par an dans les années 1970 à 76,6 milliards de dollars par an dans les années 2010, c'est-à-dire 68,9 milliards de dollars ou de 9,9 fois. La variation a été de 33,0 milliards de dollars en raison de l'augmentation de 1,8 fois des prix, et de 19,0 milliards de dollars en raison de la croissance de productivité de 1,8 fois, et de 16,8 milliards de dollars en raison de la croissance démographique. La croissance annuelle moyenne des services était de 4,6%. La valeur minimale était de 4,2 milliards de dollars en 1970. La valeur maximale était de 95,1 milliards de dollars en 2019.

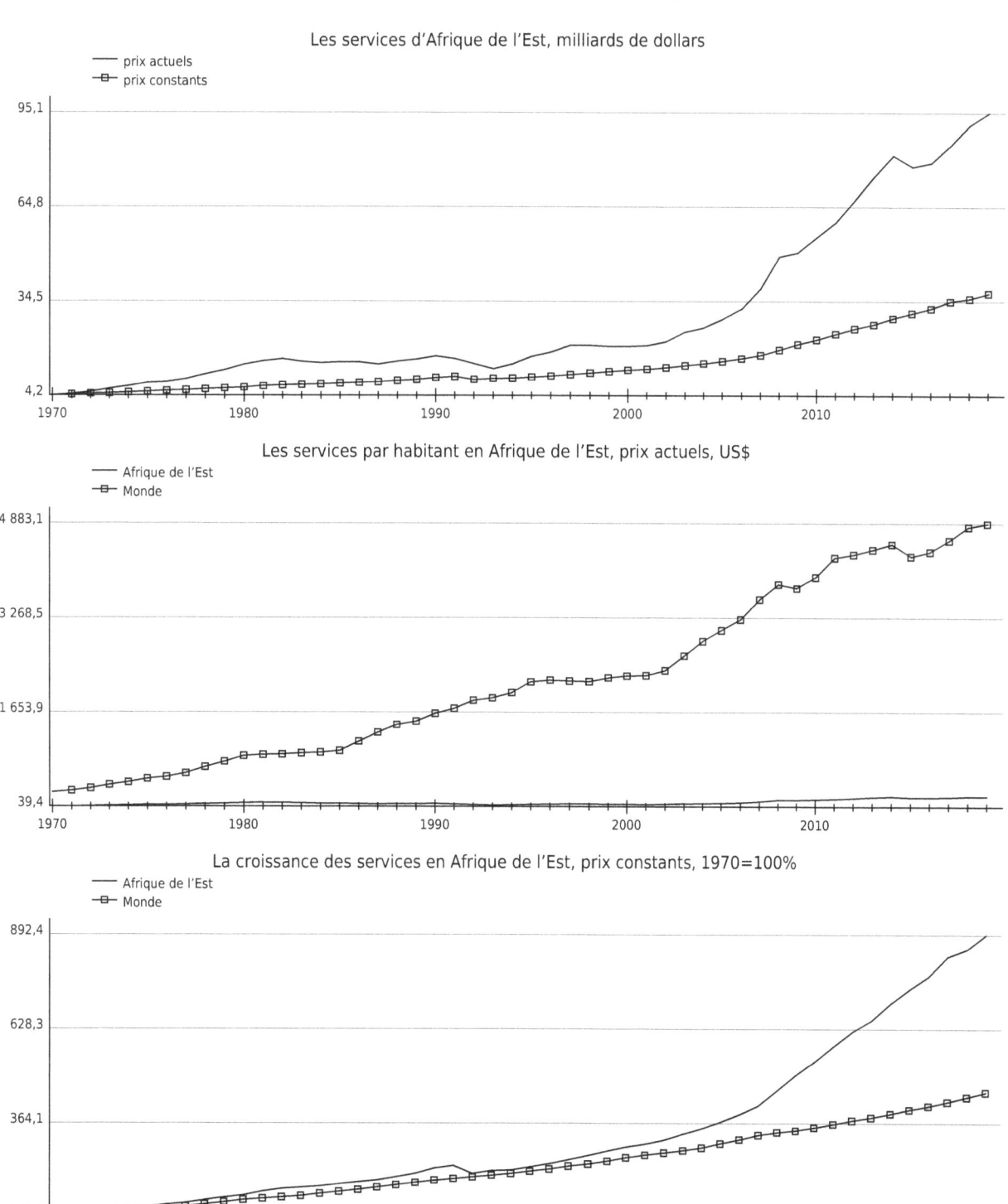

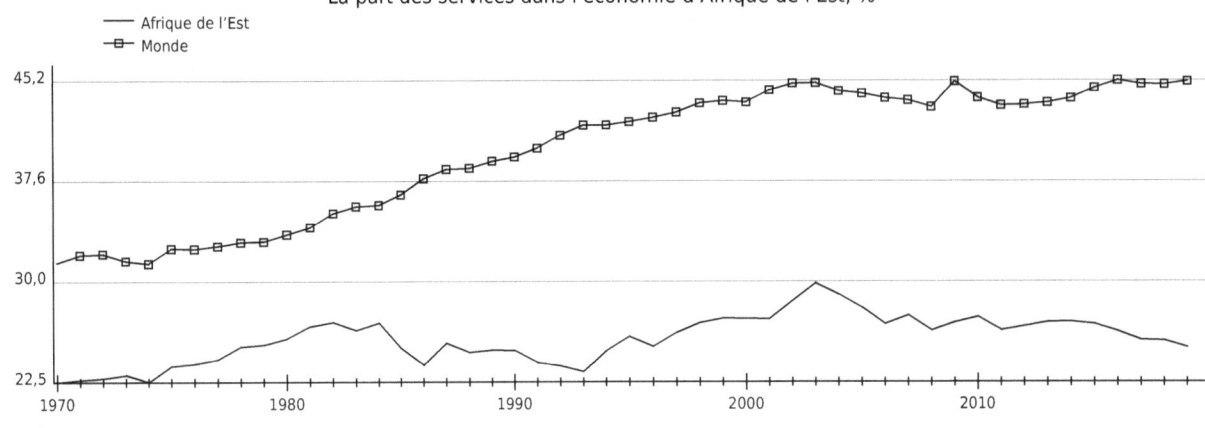

La part des services dans l'économie d'Afrique de l'Est, %

Les années 1970

Les services d'Afrique de l'Est étaient de 7,7 milliards de dollars par an dans les années 1970. La part dans le monde était de 0,38% et de 12,0% en Afrique.

La part des services dans l'économie d'Afrique de l'Est était de 23,8% dans les années 1970, à égalité avec l'Ouganda (23,8%), l'Asie (23,9%).

Les services par habitant en Afrique de l'Est étaient de 63.9 dollars dans les années 1970. Les services par habitant en Afrique de l'Est étaient 7,9 fois inférieures les services par habitant au Monde (506,9 US$), et 2,4 fois inférieures les services par habitant en Afrique (156,0 US$).

La croissance des services en Afrique de l'Est était de 5.1% dans les années 1970, à égalité avec la Belgique (5,1%). La croissance des services en Afrique de l'Est (5,1%) a été supérieure à celle du monde (4,1%), et inférieure à celle de l'Afrique (5,5%).

Comparaison avec les sous-régions. Le secteur des services en Afrique de l'Est était supérieur à celui de l'Afrique centrale (5,6 milliards de dollars); mais inférieur à celui de l'Afrique de l'Ouest (26,4 milliards de dollars), de l'Afrique du Nord (14,4 milliards de dollars) et de l'Afrique australe (9,9 milliards de dollars). Les services par habitant en Afrique de l'Est étaient inférieures à celles de l'Afrique australe (352,6 de dollars), de l'Afrique de l'Ouest (221,4 de dollars), de l'Afrique du Nord (149,1 de dollars) et de l'Afrique centrale (122,2 de dollars). La croissance des services en Afrique de l'Est était supérieure à celle de l'Afrique australe (3,8%) et de l'Afrique centrale (1,2%); mais inférieure à celle de l'Afrique de l'Ouest (9,3%) et de l'Afrique du Nord (8,6%).

Les leaders. La valeur ajoutée des services en Afrique de l'Est dans les années 1970 comprenait: Tanzanie (21,4%), Kenya (19,6%), Zimbabwe (14,3%), Éthiopie (8,6%), Mozambique (8,0%), autres (28,3%). La part des services dans l'économie des leaders: Tanzanie (38,8%), Kenya (30,9%), Zimbabwe (25,1%), Éthiopie (18,6%), Mozambique (11,8%). Les services par habitant en Afrique de l'Est parmi les leaders: Zimbabwe (177,3 US$), Kenya (112,5 US$), Tanzanie (105,0 US$), Mozambique (60,7 US$), Éthiopie (19,8 US$). La croissance des services en Afrique de l'Est parmi les leaders: Tanzanie (8,4%), Kenya (7,2%), Éthiopie (6,5%), Mozambique (3,9%), Zimbabwe (3,4%).

Les années 1980

La valeur des services en Afrique de l'Est était de 15,0 milliards de dollars par an dans les années 1980. La part dans le monde était de 0,28% et de 11,8% en Afrique.

La part des services dans l'économie d'Afrique de l'Est était de 25,6% dans les années 1980, à égalité avec les Kiribati (25,6%), le Costa Rica (25,6%), l'Est (25,6%).

Les services par habitant en Afrique de l'Est étaient de 92.5 dollars dans les années 1980, à égalité avec l'Égypte (94,0 de dollars), l'Asie du Sud (94,8 de dollars). Les services par habitant en Afrique de l'Est étaient 12,1 fois inférieures les services par habitant au Monde (1 115,5 US$), et 2,5 fois inférieures les services par habitant en Afrique (235,7 US$).

La croissance des services en Afrique de l'Est était de 3.6% dans les années 1980, à égalité avec les Philippines (3,6%). La croissance des services en Afrique de l'Est (3,6%) a été supérieure à celle du monde (3,3%), et inférieure à celle de l'Afrique (3,9%).

Comparaison avec les sous-régions. La valeur ajoutée des services en Afrique de l'Est était supérieure à celle de l'Afrique centrale (9,3

Chapitre IX. Services

milliards de dollars); mais inférieure à celle de l'Afrique de l'Ouest (46,2 milliards de dollars), de l'Afrique du Nord (33,2 milliards de dollars) et de l'Afrique australe (23,9 milliards de dollars). Les services par habitant en Afrique de l'Est étaient inférieures à celles de l'Afrique australe (651,1 de dollars), de l'Afrique de l'Ouest (295,8 de dollars), de l'Afrique du Nord (263,4 de dollars) et de l'Afrique centrale (154,8 de dollars). La croissance des services en Afrique de l'Est était supérieure à celle de l'Afrique australe (3,4%) et de l'Afrique centrale (1,9%); mais inférieure à celle de l'Afrique du Nord (5,2%) et de l'Afrique de l'Ouest (3,7%).

Les leaders. La valeur des services en Afrique de l'Est dans les années 1980 comprenait: Kenya (22,9%), Tanzanie (19,5%), Zimbabwe (16,7%), Éthiopie (9,2%), Ouganda (6,2%), autres (25,6%). La part des services dans l'économie des leaders: Tanzanie (35,3%), Kenya (34,4%), Zimbabwe (26,8%), Éthiopie (21,6%), Ouganda (20,1%). Les services par habitant en Afrique de l'Est parmi les leaders: Zimbabwe (286,5 US$), Kenya (176,1 US$), Tanzanie (136,7 US$), Ouganda (64,2 US$), Éthiopie (32,7 US$). La croissance des services en Afrique de l'Est parmi les leaders: Kenya (5,5%), Zimbabwe (5,1%), Éthiopie (4,5%), Ouganda (3,0%), Tanzanie (2,3%).

Les années 1990

Les services d'Afrique de l'Est étaient de 17,0 milliards de dollars par an dans les années 1990. La part dans le monde était de 0,15% et de 11,0% en Afrique.

La part des services dans l'économie d'Afrique de l'Est était de 25,3% dans les années 1990, à égalité avec la Malaisie (25,3%), les Philippines (25,5%).

Les services par habitant en Afrique de l'Est étaient de 78.7 dollars dans les années 1990, à égalité avec l'Arménie (79,1 de dollars), le Bangladesh (80,5 de dollars). Les services par habitant en Afrique de l'Est étaient 25,6 fois inférieures les services par habitant au Monde (2 014,6 US$), et 2,8 fois inférieures les services par habitant en Afrique (217,8 US$).

La croissance des services en Afrique de l'Est était de 2.5% dans les années 1990, à égalité avec Bahreïn (2,5%), l'Amérique du Sud (2,5%). La croissance des services en Afrique de l'Est (2,5%) a été inférieure à celle du monde (2,7%), et inférieure à celle de l'Afrique (2,6%).

Comparaison avec les sous-régions. La valeur des services en Afrique de l'Est était supérieure à celle de l'Afrique centrale (9,3 milliards de dollars); mais inférieure à celle de l'Afrique du Nord (53,8 milliards de dollars), de l'Afrique australe (51,9 milliards de dollars) et de l'Afrique de l'Ouest (22,2 milliards de dollars). Les services par habitant en Afrique de l'Est étaient inférieures à celles de l'Afrique australe (1 113,5 de dollars), de l'Afrique du Nord (337,0 de dollars), de l'Afrique centrale (112,9 de dollars) et de l'Afrique de l'Ouest (109,2 de dollars). La croissance des services en Afrique de l'Est était supérieure à celle de l'Afrique australe (2,1%) et de l'Afrique centrale (-1,2%); mais inférieure à celle de l'Afrique de l'Ouest (3,9%) et de l'Afrique du Nord (3,5%).

Les leaders. La valeur ajoutée des services en Afrique de l'Est dans les années 1990 comprenait: Kenya (25,0%), Zimbabwe (17,4%), Tanzanie (10,4%), Éthiopie (8,7%), Ouganda (7,9%), autres (30,5%). La part des services dans l'économie des leaders: Kenya (36,1%), Zimbabwe (27,1%), Ouganda (24,8%), Tanzanie (21,5%), Éthiopie (17,7%). Les services par habitant en Afrique de l'Est parmi les leaders: Zimbabwe (262,5 US$), Kenya (155,4 US$), Ouganda (67,2 US$), Tanzanie (61,0 US$), Éthiopie (26,5 US$). La croissance des services en Afrique de l'Est parmi les leaders: Ouganda (6,8%), Éthiopie (5,3%), Tanzanie (2,6%), Zimbabwe (1,6%), Kenya (0,57%).

Les années 2000

La valeur ajoutée des services en Afrique de l'Est était de 31,1 milliards de dollars par an dans les années 2000. La part dans le monde était de 0,16% et de 10,9% en Afrique.

La part des services dans l'économie d'Afrique de l'Est était de 27,5% dans les années 2000, à égalité avec l'Iran (27,5%), l'Ouganda (27,4%), la Roumanie (27,7%).

Les services par habitant en Afrique de l'Est étaient de 108.9 dollars dans les années 2000, à égalité avec la Gambie (108,6 de dollars), la Tanzanie (110,7 de dollars), l'Ouganda (106,5 de dollars). Les services par habitant en Afrique de l'Est étaient 27,7 fois inférieures les services par habitant au Monde (3 011,2 US$), et 2,9 fois inférieures les services par habitant en Afrique (314,3 US$).

La croissance des services en Afrique de l'Est était de 5.7% dans les années 2000, à égalité avec la Tunisie (5,6%), le Tadjikistan (5,7%). La croissance des services en Afrique de l'Est (5,7%) a été supérieure à celle du monde (2,9%), et supérieure à celle de l'Afrique (5,1%).

Comparaison avec les sous-régions. La valeur des services en Afrique de l'Est était supérieure à celle de l'Afrique centrale (19,5 milliards de dollars); mais inférieure à celle de l'Afrique australe (88,7 milliards de dollars), de l'Afrique du Nord (85,2 milliards de dollars) et de l'Afrique de l'Ouest (60,5 milliards de dollars). Les services par habitant en Afrique de l'Est étaient inférieures à celles de l'Afrique australe (1 629,5 de dollars), de l'Afrique du Nord (447,6 de dollars), de l'Afrique de l'Ouest (228,0 de dollars) et de l'Afrique centrale (176,0 de dollars). La croissance des services en Afrique de l'Est était supérieure à celle de l'Afrique du Nord (4,9%), de l'Afrique centrale (4,9%) et de l'Afrique australe (4,2%); mais inférieure à celle de l'Afrique de l'Ouest (6,3%).

Les leaders. La valeur ajoutée des services en Afrique de l'Est dans les années 2000 comprenait: Kenya (24,0%), Tanzanie (13,6%), Ouganda (9,4%), Éthiopie (9,1%), Maurice (7,2%), autres (36,9%). La part des services dans l'économie des leaders: Maurice (37,5%), Kenya (35,4%), Ouganda (27,4%), Tanzanie (24,1%), Éthiopie (21,1%). Les services par habitant en Afrique de l'Est parmi les leaders: Maurice (1 833,1 US$), Kenya (205,3 US$), Tanzanie (110,7 US$), Ouganda (106,5 US$), Éthiopie (37,4 US$). La croissance des services en Afrique de l'Est parmi les leaders: Éthiopie (8,5%), Ouganda (7,1%), Maurice (7,0%), Tanzanie (6,5%), Kenya (2,5%).

Les années 2010

La valeur des services en Afrique de l'Est était de 76,6 milliards de dollars par an dans les années 2010 à égalité avec la Malaisie (76,3 milliards de dollars). La part dans le monde était de 0,23% et de 12,4% en Afrique.

La part des services dans l'économie d'Afrique de l'Est était de 26,3% dans les années 2010, à égalité avec l'Asie centrale (26,3%), le Venezuela (26,1%).

Les services par habitant en Afrique de l'Est étaient de 199.3 dollars dans les années 2010, à égalité avec le Burkina Faso (201,6 de dollars), le Cambodge (204,0 de dollars). Les services par habitant en Afrique de l'Est étaient 22,4 fois inférieures les services par habitant au Monde (4 467,8 US$), et 2,7 fois inférieures les services par habitant en Afrique (528,2 US$).

La croissance des services en Afrique de l'Est était de 6% dans les années 2010. La croissance des services en Afrique de l'Est (6,0%) a été supérieure à celle du monde (2,7%), et supérieure à celle de l'Afrique (3,4%).

Comparaison avec les sous-régions. La valeur ajoutée des services en Afrique de l'Est était 58,7% supérieure à celle de l'Afrique centrale (48,2 milliards de dollars); mais 2,5 fois inférieure à celle de l'Afrique du Nord (191,4 milliards de dollars), 49,6% inférieure à celle de l'Afrique australe (152,0 milliards de dollars) et 48,6% inférieure à celle de l'Afrique de l'Ouest (148,9 milliards de dollars). Les services par habitant en Afrique de l'Est étaient 12,2 fois inférieures à celles de l'Afrique australe (2 431,4 de dollars), 4,3 fois inférieures à celles de l'Afrique du Nord (864,5 de dollars), 2,1 fois inférieures à celles de l'Afrique de l'Ouest (428,1 de dollars) et 37,1% inférieures à celles de l'Afrique centrale (316,7 de dollars). La croissance des services en Afrique de l'Est était supérieure à celle de l'Afrique de l'Ouest (3,9%), de l'Afrique du Nord (3,1%), de l'Afrique centrale (2,7%) et de l'Afrique australe (2,4%).

Les leaders. La valeur ajoutée des services en Afrique de l'Est dans les années 2010 comprenait: Kenya (23,1%), Éthiopie (13,8%), Tanzanie (12,5%), Ouganda (8,7%), Zambie (7,6%), autres (34,3%). La part des services dans l'économie des leaders: Kenya (29,4%), Ouganda (28,0%), Zambie (25,4%), Tanzanie (21,5%), Éthiopie (19,3%). Les services par habitant en Afrique de l'Est parmi les leaders: Kenya (373,6 US$), Zambie (369,5 US$), Tanzanie (187,8 US$), Ouganda (176,6 US$), Éthiopie (106,1 US$). La croissance des services en Afrique de l'Est parmi les leaders: Éthiopie (9,0%), Tanzanie (6,5%), Ouganda (5,8%), Kenya (5,8%), Zambie (4,5%).

Partie III. Relations extérieures

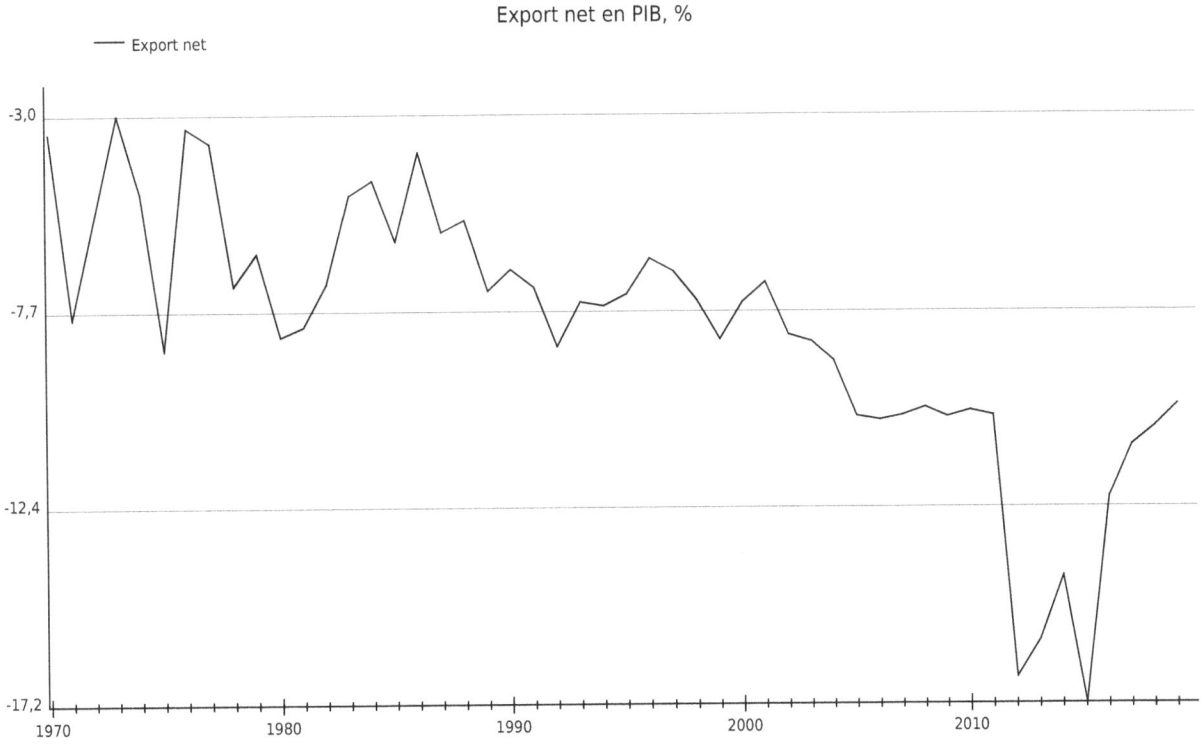

Chapitre X. Exportations

La valeur des exportations en Afrique de l'Est est passé de 6,1 milliards de dollars par an dans les années 1970 à 68,9 milliards de dollars par an dans les années 2010, c'est-à-dire 62,8 milliards de dollars ou de 11,4 fois. La variation a été de 27,0 milliards de dollars en raison de l'augmentation de 1,6 fois des prix, et de 22,6 milliards de dollars en raison de la croissance du taux par habitant de 2,2 fois, et de 13,2 milliards de dollars en raison de la croissance démographique. La croissance annuelle moyenne des exportations était de 4,6%. La valeur minimale était de 3,8 milliards de dollars en 1971. La valeur maximale était de 77,2 milliards de dollars en 2018.

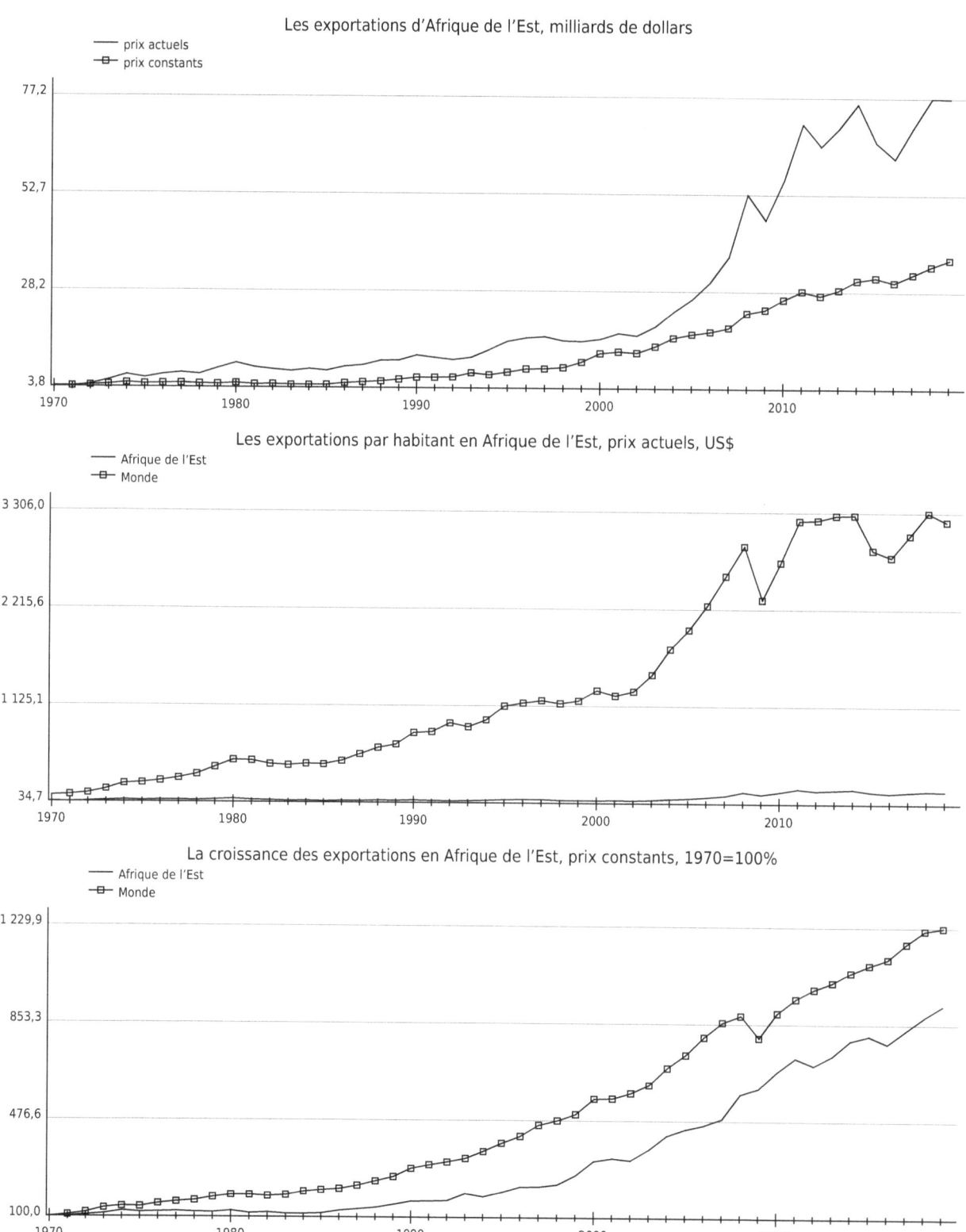

Chapitre X. Exportations

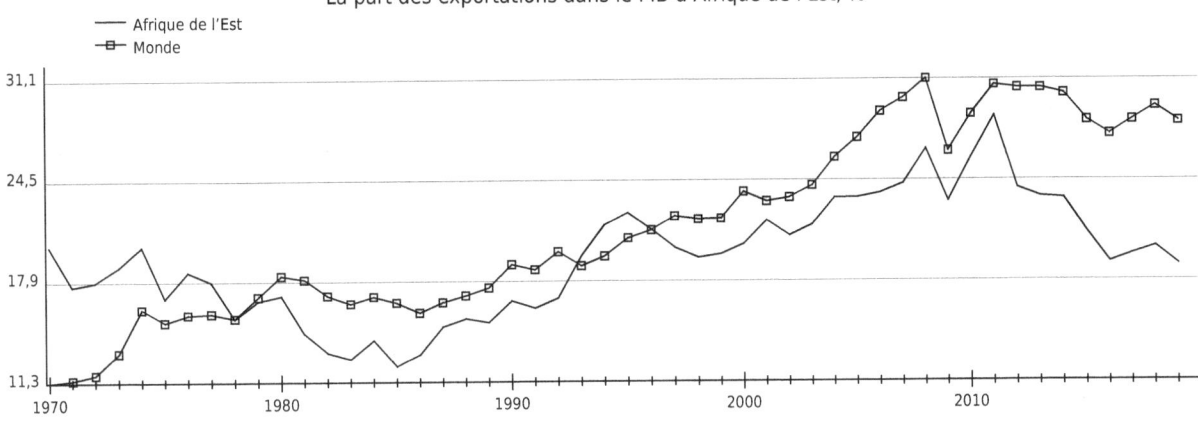

Les années 1970

Les exportations d'Afrique de l'Est étaient de 6,1 milliards de dollars par an dans les années 1970. La part dans le monde était de 0,62% et de 10,8% en Afrique.

La part des exportations dans le PIB d'Afrique de l'Est était de 17,7% dans les années 1970, à égalité avec le Chili (17,7%).

Les exportations par habitant en Afrique de l'Est étaient de 50.2 dollars dans les années 1970, à égalité avec Madagascar (49,4 de dollars). Les exportations par habitant en Afrique de l'Est étaient 4,8 fois inférieures les exportations par habitant au Monde (242,1 US$), et 2,7 fois inférieures les exportations par habitant en Afrique (137,0 US$).

La croissance des exportations en Afrique de l'Est était de 1.8% dans les années 1970. La croissance des exportations en Afrique de l'Est (1,8%) a été inférieure à celle du monde (6,5%), et inférieure à celle de l'Afrique (5,7%).

Comparaison avec les sous-régions. Les exportations d'Afrique de l'Est étaient inférieures à celles de l'Afrique du Nord (20,0 milliards de dollars), de l'Afrique de l'Ouest (12,1 milliards de dollars), de l'Afrique australe (10,8 milliards de dollars) et de l'Afrique centrale (7,2 milliards de dollars). Les exportations par habitant en Afrique de l'Est étaient inférieures à celles de l'Afrique australe (382,8 de dollars), de l'Afrique du Nord (207,6 de dollars), de l'Afrique centrale (158,0 de dollars) et de l'Afrique de l'Ouest (101,6 de dollars). La croissance des exportations en Afrique de l'Est était supérieure à celle de l'Afrique australe (1,3%); mais inférieure à celle de l'Afrique du Nord (6,9%), de l'Afrique centrale (5,0%) et de l'Afrique de l'Ouest (4,0%).

Les leaders. Les exportations d'Afrique de l'Est dans les années 1970 comprennent: Zambie (22,1%), Zimbabwe (17,3%), Kenya (16,1%), Tanzanie (8,6%), Éthiopie (7,8%), autres (28,1%). La part des exportations dans le PIB des leaders: Zambie (52,8%), Zimbabwe (23,1%), Kenya (19,5%), Éthiopie (12,2%), Tanzanie (11,4%). Les exportations par habitant en Afrique de l'Est parmi les leaders: Zambie (274,4 US$), Zimbabwe (169,4 US$), Kenya (72,9 US$), Tanzanie (33,1 US$), Éthiopie (14,1 US$). La croissance des exportations en Afrique de l'Est parmi les leaders: Éthiopie (3,1%), Kenya (1,9%), Zambie (-0,17%), Zimbabwe (-0,66%), Tanzanie (-1,7%).

Les années 1980

La valeur des exportations en Afrique de l'Est était de 9,1 milliards de dollars par an dans les années 1980. La part dans le monde était de 0,36% et de 8,4% en Afrique.

La part des exportations dans le PIB d'Afrique de l'Est était de 14,2% dans les années 1980.

Les exportations par habitant en Afrique de l'Est étaient de 56.1 dollars dans les années 1980. Les exportations par habitant en Afrique de l'Est étaient 9,4 fois inférieures les exportations par habitant au Monde (529,9 US$), et 3,6 fois inférieures les exportations par habitant en Afrique (201,4 US$).

La croissance des exportations en Afrique de l'Est était de 2.4% dans les années 1980, à égalité avec l'Eswatini (2,4%). La croissance des exportations en Afrique de l'Est (2,4%) a été inférieure à celle du monde (3,8%), et supérieure à celle de l'Afrique (-0,87%).

Comparaison avec les sous-régions. La valeur des exportations en Afrique de l'Est était inférieure à celle de l'Afrique du Nord (38,8 milliards de dollars), de l'Afrique australe (25,5 milliards de dollars), de l'Afrique de l'Ouest (22,1 milliards de dollars) et de l'Afrique centrale (13,5 milliards de dollars). Les exportations par habitant en Afrique de l'Est étaient inférieures à celles de l'Afrique australe

(695,6 de dollars), de l'Afrique du Nord (307,7 de dollars), de l'Afrique centrale (224,2 de dollars) et de l'Afrique de l'Ouest (141,7 de dollars). La croissance des exportations en Afrique de l'Est était supérieure à celle de l'Afrique australe (1,8%) et de l'Afrique du Nord (-2,4%); mais inférieure à celle de l'Afrique centrale (5,0%) et de l'Afrique de l'Ouest (3,5%).

Les leaders. Les exportations d'Afrique de l'Est dans les années 1980 comprennent: Zimbabwe (21,3%), Kenya (18,6%), Zambie (14,6%), Éthiopie (9,2%), Maurice (9,0%), autres (27,2%). La part des exportations dans le PIB des leaders: Maurice (54,8%), Zambie (39,0%), Zimbabwe (19,5%), Kenya (16,2%), Éthiopie (9,9%). Les exportations par habitant en Afrique de l'Est parmi les leaders: Maurice (815,8 US$), Zimbabwe (222,3 US$), Zambie (195,4 US$), Kenya (86,7 US$), Éthiopie (19,9 US$). La croissance des exportations en Afrique de l'Est parmi les leaders: Maurice (8,1%), Zimbabwe (7,4%), Kenya (3,3%), Éthiopie (-0,57%), Zambie (-3,2%).

Les années 1990

La valeur des exportations en Afrique de l'Est était de 13,9 milliards de dollars par an dans les années 1990. La part dans le monde était de 0,24% et de 9,7% en Afrique.

La part des exportations dans le PIB d'Afrique de l'Est était de 19,3% dans les années 1990.

Les exportations par habitant en Afrique de l'Est étaient de 64.3 dollars dans les années 1990, à égalité avec la Guinée-Bissau (64,5 de dollars), le Cambodge (65,0 de dollars). Les exportations par habitant en Afrique de l'Est étaient 16,0 fois inférieures les exportations par habitant au Monde (1 029,5 US$), et 3,1 fois inférieures les exportations par habitant en Afrique (202,1 US$).

La croissance des exportations en Afrique de l'Est était de 5.9% dans les années 1990, à égalité avec l'Estonie (5,8%), le Guatemala (5,8%), le Pérou (5,9%). La croissance des exportations en Afrique de l'Est (5,9%) a été inférieure à celle du monde (6,9%), et supérieure à celle de l'Afrique (2,5%).

Comparaison avec les sous-régions. La valeur des exportations en Afrique de l'Est était inférieure à celle de l'Afrique du Nord (51,3 milliards de dollars), de l'Afrique australe (36,7 milliards de dollars), de l'Afrique de l'Ouest (23,7 milliards de dollars) et de l'Afrique centrale (17,6 milliards de dollars). Les exportations par habitant en Afrique de l'Est étaient inférieures à celles de l'Afrique australe (787,6 de dollars), de l'Afrique du Nord (321,0 de dollars), de l'Afrique centrale (214,0 de dollars) et de l'Afrique de l'Ouest (116,3 de dollars). La croissance des exportations en Afrique de l'Est était supérieure à celle de l'Afrique australe (4,4%), de l'Afrique de l'Ouest (2,3%) et de l'Afrique du Nord (1,2%); mais inférieure à celle de l'Afrique centrale (7,3%).

Les leaders. Les exportations d'Afrique de l'Est dans les années 1990 comprennent: Zimbabwe (22,1%), Kenya (18,3%), Maurice (16,6%), Zambie (8,4%), Tanzanie (7,3%), autres (27,3%). La part des exportations dans le PIB des leaders: Maurice (59,6%), Zambie (32,5%), Zimbabwe (26,7%), Kenya (19,9%), Tanzanie (12,1%). Les exportations par habitant en Afrique de l'Est parmi les leaders: Maurice (2 058,9 US$), Zimbabwe (272,5 US$), Zambie (129,9 US$), Kenya (92,8 US$), Tanzanie (35,0 US$). La croissance des exportations en Afrique de l'Est parmi les leaders: Zimbabwe (16,3%), Tanzanie (10,9%), Maurice (5,6%), Zambie (5,4%), Kenya (3,2%).

Les années 2000

La valeur des exportations en Afrique de l'Est était de 28,6 milliards de dollars par an dans les années 2000 à égalité avec la Roumanie (28,9 milliards de dollars). La part dans le monde était de 0,23% et de 7,9% en Afrique.

La part des exportations dans le PIB d'Afrique de l'Est était de 23,4% dans les années 2000, à égalité avec la Gambie (23,2%).

Les exportations par habitant en Afrique de l'Est étaient de 100.2 dollars dans les années 2000, à égalité avec le Mozambique (101,0 de dollars), Sao Tomé-et-Principe (102,3 de dollars), le Pakistan (97,9 de dollars). Les exportations par habitant en Afrique de l'Est étaient 19,3 fois inférieures les exportations par habitant au Monde (1 933,7 US$), et 4,0 fois inférieures les exportations par habitant en Afrique (398,4 US$).

La croissance des exportations en Afrique de l'Est était de 8.6% dans les années 2000. La croissance des exportations en Afrique de l'Est (8,6%) a été supérieure à celle du monde (4,8%), et supérieure à celle de l'Afrique (5,3%).

Comparaison avec les sous-régions. Les exportations d'Afrique de l'Est étaient inférieures à celles de l'Afrique du Nord (141,1 milliards de dollars), de l'Afrique australe (73,6 milliards de dollars), de l'Afrique de l'Ouest (65,5 milliards de dollars) et de l'Afrique centrale (52,5 milliards de dollars). Les exportations par habitant en Afrique de l'Est étaient inférieures à celles de l'Afrique australe (1 352,2 de dollars), de l'Afrique du Nord (741,0 de dollars), de l'Afrique centrale (473,2 de dollars) et de l'Afrique de l'Ouest (246,7 de dollars). La croissance des exportations en Afrique de l'Est était supérieure à celle de l'Afrique centrale (5,9%), de l'Afrique du Nord (5,6%), de l'Afrique de l'Ouest (5,5%) et de l'Afrique australe (2,0%).

Chapitre X. Exportations

Les leaders. La valeur des exportations en Afrique de l'Est dans les années 2000 comprenait: Kenya (17,4%), Maurice (13,2%), Tanzanie (11,3%), Zambie (10,2%), Zimbabwe (9,1%), autres (38,7%). La part des exportations dans le PIB des leaders: Maurice (55,1%), Zimbabwe (33,5%), Zambie (31,9%), Kenya (21,4%), Tanzanie (17,3%). Les exportations par habitant en Afrique de l'Est parmi les leaders: Maurice (3 111,1 US$), Zambie (248,3 US$), Zimbabwe (215,7 US$), Kenya (137,1 US$), Tanzanie (85,2 US$). La croissance des exportations en Afrique de l'Est parmi les leaders: Tanzanie (11,9%), Zambie (11,5%), Kenya (4,6%), Maurice (2,2%), Zimbabwe (-5,3%).

Les années 2010

La valeur des exportations en Afrique de l'Est était de 68,9 milliards de dollars par an dans les années 2010. La part dans le monde était de 0,30% et de 11,0% en Afrique.

La part des exportations dans le PIB d'Afrique de l'Est était de 21,9% dans les années 2010, à égalité avec la Chine (21,8%), le Sénégal (22,1%), l'Indonésie (22,1%).

Les exportations par habitant en Afrique de l'Est étaient de 179.3 dollars dans les années 2010. Les exportations par habitant en Afrique de l'Est étaient 17,3 fois inférieures les exportations par habitant au Monde (3 098,9 US$), et 3,0 fois inférieures les exportations par habitant en Afrique (534,3 US$).

La croissance des exportations en Afrique de l'Est était de 4.4% dans les années 2010, à égalité avec le Cameroun (4,3%), l'Europe de l'Ouest (4,3%), l'Europe du Sud (4,4%). La croissance des exportations en Afrique de l'Est (4,4%) a été inférieure à celle du monde (4,4%), et supérieure à celle de l'Afrique (-1,2%).

Comparaison avec les sous-régions. La valeur des exportations en Afrique de l'Est était 2,8 fois inférieure à celle de l'Afrique du Nord (191,0 milliards de dollars), 2,0 fois inférieure à celle de l'Afrique de l'Ouest (140,0 milliards de dollars), 44,1% inférieure à celle de l'Afrique australe (123,2 milliards de dollars) et 31,8% inférieure à celle de l'Afrique centrale (101,1 milliards de dollars). Les exportations par habitant en Afrique de l'Est étaient 11,0 fois inférieures à celles de l'Afrique australe (1 971,2 de dollars), 4,8 fois inférieures à celles de l'Afrique du Nord (862,9 de dollars), 3,7 fois inférieures à celles de l'Afrique centrale (663,8 de dollars) et 2,2 fois inférieures à celles de l'Afrique de l'Ouest (402,5 de dollars). La croissance des exportations en Afrique de l'Est était supérieure à celle de l'Afrique australe (2,3%), de l'Afrique centrale (0,20%) et de l'Afrique du Nord (-6,3%); mais inférieure à celle de l'Afrique de l'Ouest (6,9%).

Les leaders. La valeur des exportations en Afrique de l'Est dans les années 2010 comprenait: Kenya (14,9%), Zambie (13,3%), Tanzanie (12,3%), Éthiopie (8,4%), Maurice (8,4%), autres (42,6%). La part des exportations dans le PIB des leaders: Maurice (46,8%), Zambie (38,1%), Tanzanie (17,6%), Kenya (15,9%), Éthiopie (9,9%). Les exportations par habitant en Afrique de l'Est parmi les leaders: Maurice (4 602,8 US$), Zambie (586,6 US$), Kenya (217,0 US$), Tanzanie (166,8 US$), Éthiopie (58,3 US$). La croissance des exportations en Afrique de l'Est parmi les leaders: Zambie (6,2%), Tanzanie (5,0%), Kenya (2,9%), Maurice (2,2%), Éthiopie (2,2%).

Chapitre XI. Importations

La valeur des importations en Afrique de l'Est est passé de 7,9 milliards de dollars par an dans les années 1970 à 108,7 milliards de dollars par an dans les années 2010, c'est-à-dire 100,8 milliards de dollars ou de 13,7 fois. La variation a été de 36,0 milliards de dollars en raison de l'augmentation de 1,5 fois des prix, et de 47,5 milliards de dollars en raison de la croissance du taux par habitant de 2,9 fois, et de 17,3 milliards de dollars en raison de la croissance démographique. La croissance annuelle moyenne des importations était de 5,2%. La valeur minimale était de 4,6 milliards de dollars en 1970. La valeur maximale était de 121,5 milliards de dollars en 2014.

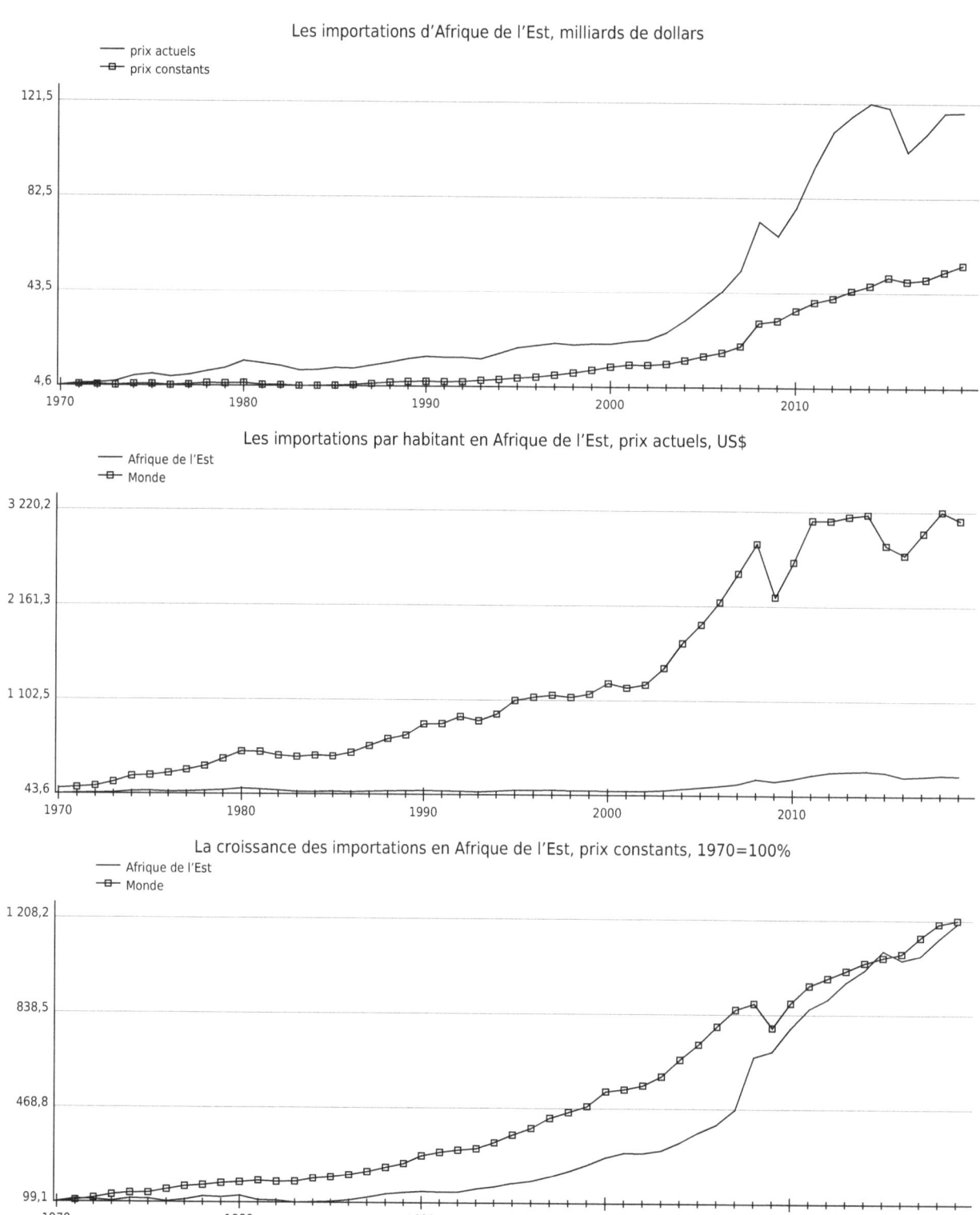

Chapitre XI. Importations

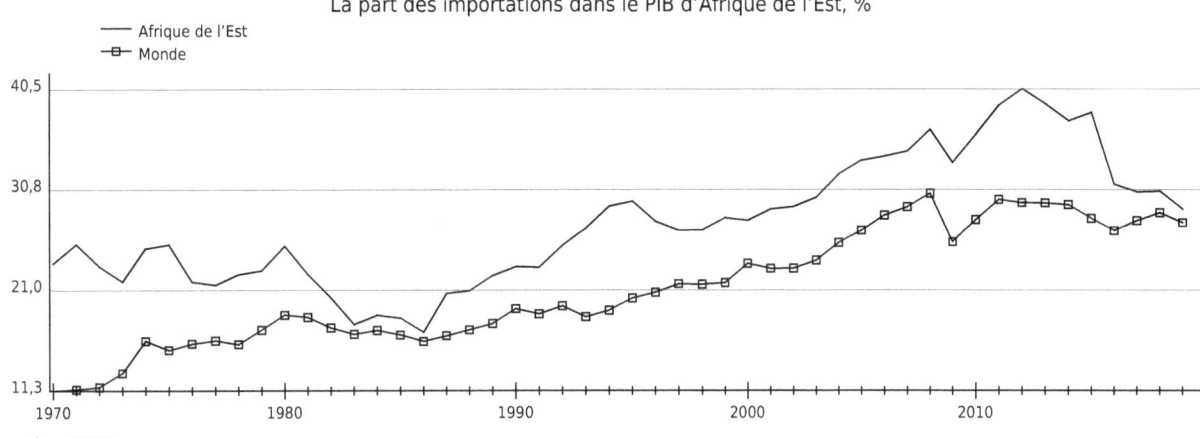

Les années 1970

Les importations d'Afrique de l'Est étaient de 7,9 milliards de dollars par an dans les années 1970 à égalité avec la Corée du Sud (7,9 milliards de dollars), le Venezuela (8,0 milliards de dollars), la Chine (7,8 milliards de dollars). La part dans le monde était de 0,80% et de 13,5% en Afrique.

La part des importations dans le PIB d'Afrique de l'Est était de 23,2% dans les années 1970, à égalité avec l'Asie de l'Ouest (23,3%), la Thaïlande (23,1%).

Les importations par habitant en Afrique de l'Est étaient de 65.6 dollars dans les années 1970. Les importations par habitant en Afrique de l'Est étaient 3,7 fois inférieures les importations par habitant au Monde (244,3 US$), et 2,2 fois inférieures les importations par habitant en Afrique (142,6 US$).

La croissance des importations en Afrique de l'Est était de 1.9% dans les années 1970. La croissance des importations en Afrique de l'Est (1,9%) a été inférieure à celle du monde (6,3%), et inférieure à celle de l'Afrique (6,7%).

Comparaison avec les sous-régions. La valeur des importations en Afrique de l'Est était inférieure à celle de l'Afrique du Nord (19,8 milliards de dollars), de l'Afrique de l'Ouest (11,8 milliards de dollars), de l'Afrique australe (10,1 milliards de dollars) et de l'Afrique centrale (8,9 milliards de dollars). Les importations par habitant en Afrique de l'Est étaient inférieures à celles de l'Afrique australe (357,7 de dollars), de l'Afrique du Nord (204,9 de dollars), de l'Afrique centrale (195,3 de dollars) et de l'Afrique de l'Ouest (99,3 de dollars). La croissance des importations en Afrique de l'Est était supérieure à celle de l'Afrique australe (0,28%); mais inférieure à celle de l'Afrique de l'Ouest (8,7%), de l'Afrique du Nord (8,6%) et de l'Afrique centrale (2,7%).

Les leaders. Les importations d'Afrique de l'Est dans les années 1970 comprennent: Zambie (19,1%), Kenya (14,2%), Mozambique (13,0%), Zimbabwe (11,7%), Ouganda (8,6%), autres (33,4%). La part des importations dans le PIB des leaders: Zambie (59,5%), Ouganda (27,9%), Kenya (22,5%), Zimbabwe (20,3%), Mozambique (18,2%). Les importations par habitant en Afrique de l'Est parmi les leaders: Zambie (309,5 US$), Zimbabwe (148,9 US$), Mozambique (101,8 US$), Kenya (84,1 US$), Ouganda (63,9 US$). La croissance des importations en Afrique de l'Est parmi les leaders: Mozambique (3,8%), Kenya (0,71%), Zimbabwe (-0,19%), Ouganda (-1,6%), Zambie (-6,7%).

Les années 1980

Les importations d'Afrique de l'Est étaient de 13,0 milliards de dollars par an dans les années 1980 à égalité avec le Portugal (12,8 milliards de dollars), le Venezuela (13,4 milliards de dollars). La part dans le monde était de 0,50% et de 11,6% en Afrique.

La part des importations dans le PIB d'Afrique de l'Est était de 20,3% dans les années 1980.

Les importations par habitant en Afrique de l'Est étaient de 80.3 dollars dans les années 1980, à égalité avec le Burkina Faso (81,7 de dollars). Les importations par habitant en Afrique de l'Est étaient 6,7 fois inférieures les importations par habitant au Monde (539,1 US$), et 2,6 fois inférieures les importations par habitant en Afrique (208,0 US$).

La croissance des importations en Afrique de l'Est était de 1.6% dans les années 1980, à égalité avec la Pologne (1,6%). La croissance des importations en Afrique de l'Est (1,6%) a été inférieure à celle du monde (3,8%), et supérieure à celle de l'Afrique (-3,1%).

Comparaison avec les sous-régions. Les importations d'Afrique de l'Est étaient inférieures à celles de l'Afrique du Nord (42,7 milliards de dollars), de l'Afrique australe (22,1 milliards de dollars), de l'Afrique de l'Ouest (20,0 milliards de dollars) et de l'Afrique centrale (14,8 milliards de dollars). Les importations par habitant en Afrique de l'Est étaient inférieures à celles de l'Afrique australe (601,7 de dollars), de l'Afrique du Nord (338,6 de dollars), de l'Afrique centrale (245,4 de dollars) et de l'Afrique de l'Ouest (128,2 de dollars). La croissance des importations en Afrique de l'Est était supérieure à celle de l'Afrique centrale (-0,17%), de l'Afrique du Nord (-1,0%) et de l'Afrique de l'Ouest (-9,5%); mais inférieure à celle de l'Afrique australe (2,1%).

Les leaders. La valeur des importations en Afrique de l'Est dans les années 1980 comprenait: Kenya (15,8%), Zimbabwe (14,2%), Zambie (13,5%), Éthiopie (11,3%), Mozambique (9,3%), autres (36,0%). La part des importations dans le PIB des leaders: Zambie (51,3%), Kenya (19,6%), Mozambique (19,3%), Zimbabwe (18,6%), Éthiopie (17,3%). Les importations par habitant en Afrique de l'Est parmi les leaders: Zambie (257,3 US$), Zimbabwe (212,2 US$), Kenya (105,0 US$), Mozambique (96,7 US$), Éthiopie (34,8 US$). La croissance des importations en Afrique de l'Est parmi les leaders: Zimbabwe (7,8%), Éthiopie (1,8%), Kenya (0,30%), Mozambique (0,13%), Zambie (-3,2%).

Les années 1990

La valeur des importations en Afrique de l'Est était de 19,2 milliards de dollars par an dans les années 1990. La part dans le monde était de 0,33% et de 12,8% en Afrique.

La part des importations dans le PIB d'Afrique de l'Est était de 26,7% dans les années 1990, à égalité avec le Zimbabwe (26,7%), la Corée du Sud (26,6%), le Chili (26,6%).

Les importations par habitant en Afrique de l'Est étaient de 88.8 dollars dans les années 1990. Les importations par habitant en Afrique de l'Est étaient 11,4 fois inférieures les importations par habitant au Monde (1 015,5 US$), et 2,4 fois inférieures les importations par habitant en Afrique (211,4 US$).

La croissance des importations en Afrique de l'Est était de 6% dans les années 1990, à égalité avec la Tanzanie (6,0%). La croissance des importations en Afrique de l'Est (6,0%) a été inférieure à celle du monde (6,6%), et supérieure à celle de l'Afrique (3,8%).

Comparaison avec les sous-régions. Les importations d'Afrique de l'Est étaient supérieures à celles de l'Afrique centrale (16,8 milliards de dollars); mais inférieures à celles de l'Afrique du Nord (56,7 milliards de dollars), de l'Afrique australe (34,1 milliards de dollars) et de l'Afrique de l'Ouest (22,9 milliards de dollars). Les importations par habitant en Afrique de l'Est étaient inférieures à celles de l'Afrique australe (731,8 de dollars), de l'Afrique du Nord (355,1 de dollars), de l'Afrique centrale (204,0 de dollars) et de l'Afrique de l'Ouest (112,5 de dollars). La croissance des importations en Afrique de l'Est était supérieure à celle de l'Afrique australe (4,6%), de l'Afrique de l'Ouest (4,1%) et de l'Afrique du Nord (1,0%); mais inférieure à celle de l'Afrique centrale (10,3%).

Les leaders. La valeur des importations en Afrique de l'Est dans les années 1990 comprenait: Zimbabwe (16,0%), Kenya (15,2%), Maurice (12,7%), Tanzanie (9,0%), Zambie (8,1%), autres (39,0%). La part des importations dans le PIB des leaders: Maurice (63,1%), Zambie (43,3%), Zimbabwe (26,7%), Kenya (22,8%), Tanzanie (20,4%). Les importations par habitant en Afrique de l'Est parmi les leaders: Maurice (2 176,8 US$), Zimbabwe (272,4 US$), Zambie (172,9 US$), Kenya (106,6 US$), Tanzanie (59,4 US$). La croissance des importations en Afrique de l'Est parmi les leaders: Zimbabwe (17,8%), Zambie (11,0%), Kenya (7,5%), Tanzanie (6,0%), Maurice (5,5%).

Les années 2000

La valeur des importations en Afrique de l'Est était de 40,2 milliards de dollars par an dans les années 2000 à égalité avec l'Afrique centrale (40,3 milliards de dollars), la Roumanie (39,6 milliards de dollars), l'Asie centrale (41,0 milliards de dollars). La part dans le monde était de 0,33% et de 12,0% en Afrique.

La part des importations dans le PIB d'Afrique de l'Est était de 32,8% dans les années 2000, à égalité avec le Mali (32,6%), l'Allemagne (33,1%), la Gambie (32,6%).

Les importations par habitant en Afrique de l'Est étaient de 140.8 dollars dans les années 2000. Les importations par habitant en Afrique de l'Est étaient 13,5 fois inférieures les importations par habitant au Monde (1 899,9 US$), et 2,6 fois inférieures les importations par habitant en Afrique (369,3 US$).

La croissance des importations en Afrique de l'Est était de 10.8% dans les années 2000, à égalité avec le Mali (10,9%). La croissance des importations en Afrique de l'Est (10,8%) a été supérieure à celle du monde (5,1%), et supérieure à celle de l'Afrique (7,6%).

Comparaison avec les sous-régions. Les importations d'Afrique de l'Est étaient inférieures à celles de l'Afrique du Nord (121,9 milliards

Chapitre XI. Importations

de dollars), de l'Afrique australe (74,0 milliards de dollars), de l'Afrique de l'Ouest (58,3 milliards de dollars) et de l'Afrique centrale (40,3 milliards de dollars). Les importations par habitant en Afrique de l'Est étaient inférieures à celles de l'Afrique australe (1 360,4 de dollars), de l'Afrique du Nord (640,5 de dollars), de l'Afrique centrale (363,9 de dollars) et de l'Afrique de l'Ouest (219,9 de dollars). La croissance des importations en Afrique de l'Est était supérieure à celle de l'Afrique de l'Ouest (9,6%), de l'Afrique du Nord (7,3%), de l'Afrique australe (5,3%) et de l'Afrique centrale (5,1%).

Les leaders. Les importations d'Afrique de l'Est dans les années 2000 comprennent: Kenya (17,7%), Éthiopie (10,8%), Tanzanie (10,6%), Maurice (10,3%), Zimbabwe (8,2%), autres (42,4%). La part des importations dans le PIB des leaders: Maurice (60,2%), Zimbabwe (42,2%), Éthiopie (30,7%), Kenya (30,6%), Tanzanie (22,7%). Les importations par habitant en Afrique de l'Est parmi les leaders: Maurice (3 400,8 US$), Zimbabwe (271,4 US$), Kenya (195,8 US$), Tanzanie (111,6 US$), Éthiopie (57,7 US$). La croissance des importations en Afrique de l'Est parmi les leaders: Éthiopie (16,9%), Tanzanie (13,8%), Kenya (7,7%), Zimbabwe (2,7%), Maurice (1,2%).

Les années 2010

La valeur des importations en Afrique de l'Est était de 108,7 milliards de dollars par an dans les années 2010 à égalité avec l'Afrique du Sud (108,7 milliards de dollars), la Hongrie (110,6 milliards de dollars). La part dans le monde était de 0,49% et de 15,7% en Afrique.

La part des importations dans le PIB d'Afrique de l'Est était de 34,6% dans les années 2010, à égalité avec le Bénin (34,6%), la Grèce (34,3%).

Les importations par habitant en Afrique de l'Est étaient de 282,9 dollars dans les années 2010, à égalité avec le Mali (289,1 de dollars). Les importations par habitant en Afrique de l'Est étaient 10,7 fois inférieures les importations par habitant au Monde (3 015,6 US$), et 2,1 fois inférieures les importations par habitant en Afrique (592,1 US$).

La croissance des importations en Afrique de l'Est était de 5.6% dans les années 2010, à égalité avec le Mexique (5,5%), le Maroc (5,6%), d'Israël (5,6%). La croissance des importations en Afrique de l'Est (5,6%) a été supérieure à celle du monde (4,4%), et supérieure à celle de l'Afrique (2,0%).

Comparaison avec les sous-régions. La valeur des importations en Afrique de l'Est était 30,9% supérieure à celle de l'Afrique centrale (83,0 milliards de dollars); mais 2,2 fois inférieure à celle de l'Afrique du Nord (233,9 milliards de dollars), 21,5% inférieure à celle de l'Afrique de l'Ouest (138,5 milliards de dollars) et 14,9% inférieure à celle de l'Afrique australe (127,7 milliards de dollars). Les importations par habitant en Afrique de l'Est étaient 7,2 fois inférieures à celles de l'Afrique australe (2 042,8 de dollars), 3,7 fois inférieures à celles de l'Afrique du Nord (1 056,3 de dollars), 48,1% inférieures à celles de l'Afrique centrale (545,2 de dollars) et 28,9% inférieures à celles de l'Afrique de l'Ouest (398,2 de dollars). La croissance des importations en Afrique de l'Est était supérieure à celle de l'Afrique australe (3,5%), de l'Afrique du Nord (1,6%), de l'Afrique de l'Ouest (1,4%) et de l'Afrique centrale (-1,8%).

Les leaders. Les importations d'Afrique de l'Est dans les années 2010 comprennent: Kenya (16,5%), Éthiopie (14,3%), Tanzanie (10,5%), Mozambique (9,3%), Zambie (8,6%), autres (40,8%). La part des importations dans le PIB des leaders: Mozambique (68,7%), Zambie (38,7%), Kenya (27,9%), Éthiopie (26,6%), Tanzanie (23,6%). Les importations par habitant en Afrique de l'Est parmi les leaders: Zambie (595,9 US$), Kenya (379,8 US$), Mozambique (379,0 US$), Tanzanie (223,5 US$), Éthiopie (155,9 US$). La croissance des importations en Afrique de l'Est parmi les leaders: Éthiopie (12,0%), Mozambique (11,5%), Zambie (6,8%), Kenya (4,2%), Tanzanie (4,2%).

Partie IV. Consommation

Chapitre XII. Dépenses publiques

Dépenses de consommation des administrations publiques

Les dépenses publiques d'Afrique de l'Est sont passés de 6,9 milliards de dollars par an dans les années 1970 à 41,3 milliards de dollars par an dans les années 2010, c'est-à-dire 34,4 milliards de dollars ou de 6,0 fois. La variation a été de 5,5 milliards de dollars en raison de l'augmentation de 1,2 fois des prix, et de 13,9 milliards de dollars en raison de la croissance du taux par habitant de 1,6 fois, et de 15,0 milliards de dollars en raison de la croissance démographique. La croissance annuelle moyenne des dépenses publiques était de 4,6%. La valeur minimale était de 3,3 milliards de dollars en 1970. La valeur maximale était de 50,0 milliards de dollars en 2019.

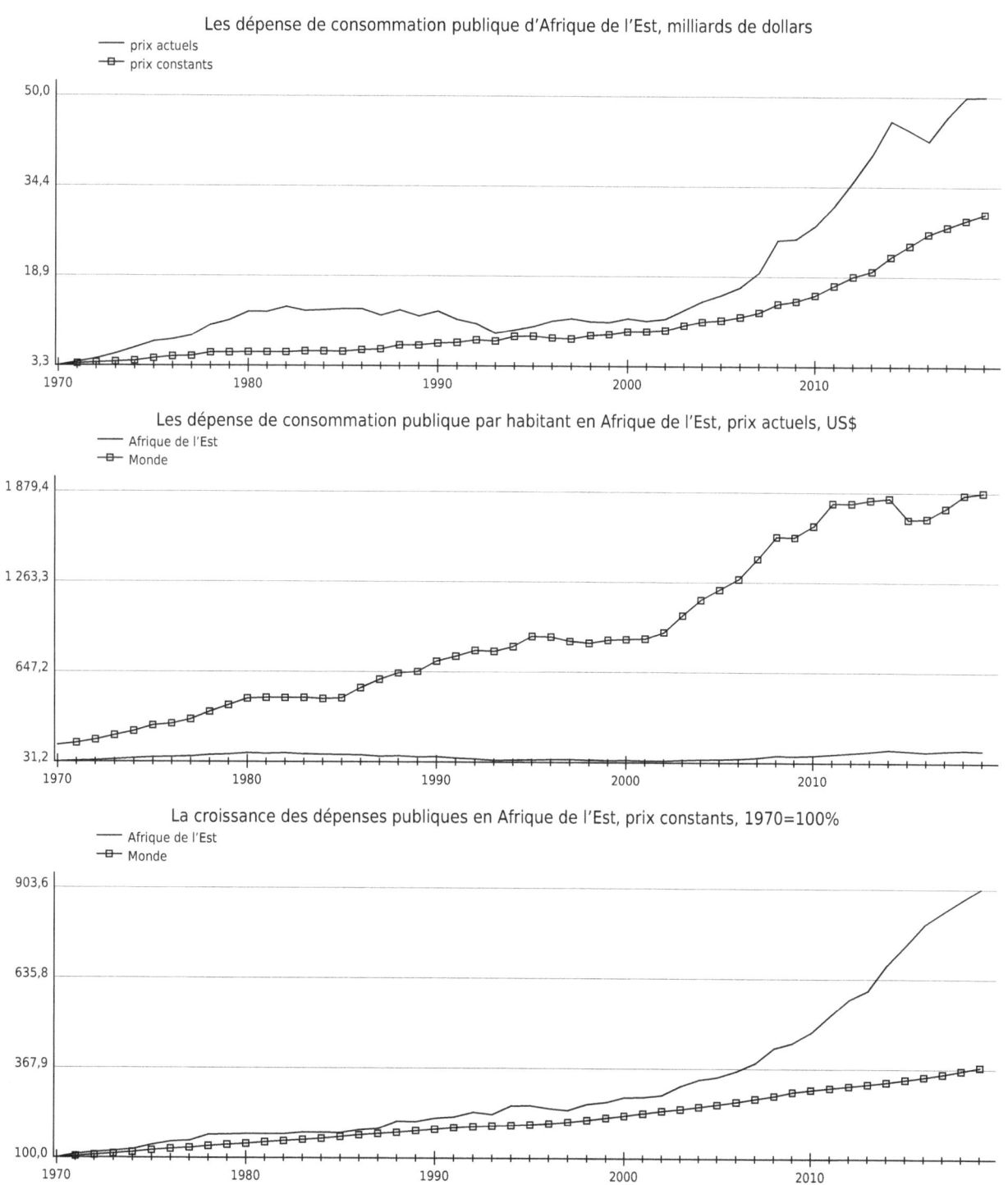

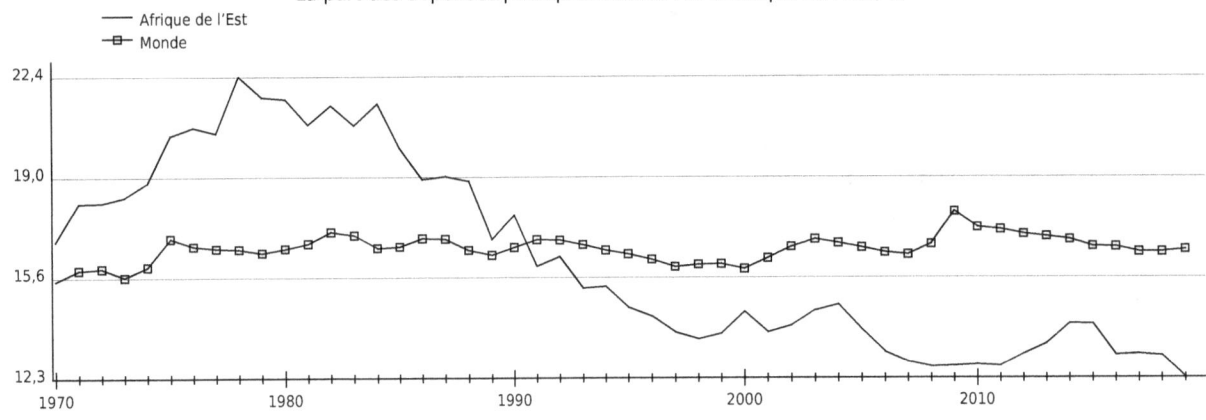

La part des dépenses publiques dans le PIB d'Afrique de l'Est, %

Les années 1970

Les dépense publique d'Afrique de l'Est étaient de 6,9 milliards de dollars par an dans les années 1970 à égalité avec les Caraïbes (6,7 milliards de dollars). La part dans le monde était de 0,64% et de 21,7% en Afrique.

La part des dépenses publiques dans le PIB d'Afrique de l'Est était de 20,1% dans les années 1970, à égalité avec les Caraïbes (20,1%), le Royaume-Uni (20,1%), l'Afrique centrale (20,0%).

Les dépense publique par habitant en Afrique de l'Est étaient de 56.8 dollars dans les années 1970. Les dépenses publiques par habitant en Afrique de l'Est étaient 4,7 fois inférieures les dépenses publiques par habitant au Monde (265,2 US$), et 26,3% inférieures les dépense de consommation publique par habitant en Afrique (77,1 US$).

La croissance des dépenses publiques en Afrique de l'Est était de 6% dans les années 1970, à égalité avec Monaco (6,0%). La croissance des dépenses publiques en Afrique de l'Est (6,0%) a été supérieure à celle du monde (3,7%), et supérieure à celle de l'Afrique (4,9%).

Comparaison avec les sous-régions. Les dépenses publiques d'Afrique de l'Est étaient supérieures à celles de l'Afrique australe (5,4 milliards de dollars), de l'Afrique centrale (4,4 milliards de dollars) et de l'Afrique de l'Ouest (4,3 milliards de dollars); mais inférieures à celles de l'Afrique du Nord (10,7 milliards de dollars). Les dépenses publiques par habitant en Afrique de l'Est étaient supérieures à celles de l'Afrique de l'Ouest (36,1 de dollars); mais inférieures à celles de l'Afrique australe (189,9 de dollars), de l'Afrique du Nord (111,3 de dollars) et de l'Afrique centrale (95,9 de dollars). La croissance des dépenses publiques en Afrique de l'Est était supérieure à celle de l'Afrique australe (5,2%) et de l'Afrique centrale (-1,0%); mais inférieure à celle de l'Afrique du Nord (7,3%) et de l'Afrique de l'Ouest (6,8%).

Les leaders. Les dépense de consommation publique d'Afrique de l'Est dans les années 1970 comprennent: Tanzanie (24,4%), Mozambique (14,3%), Zimbabwe (12,8%), Zambie (11,0%), Kenya (10,6%), autres (27,0%). La part des dépenses publiques dans le PIB des leaders: Tanzanie (36,7%), Zambie (29,8%), Zimbabwe (19,3%), Mozambique (17,4%), Kenya (14,5%). Les dépenses publiques par habitant en Afrique de l'Est parmi les leaders: Zambie (154,8 US$), Zimbabwe (141,7 US$), Tanzanie (106,6 US$), Mozambique (96,9 US$), Kenya (54,0 US$). La croissance des dépenses publiques en Afrique de l'Est parmi les leaders: Zimbabwe (11,8%), Kenya (9,1%), Tanzanie (6,8%), Mozambique (4,2%), Zambie (2,2%).

Les années 1980

Les dépenses publiques d'Afrique de l'Est étaient de 12,8 milliards de dollars par an dans les années 1980 à égalité avec la Corée du Sud (13,0 milliards de dollars). La part dans le monde était de 0,50% et de 18,4% en Afrique.

La part des dépenses publiques dans le PIB d'Afrique de l'Est était de 19,9% dans les années 1980, à égalité avec l'Europe (19,9%), l'Est (19,9%), la Palestine (20,0%).

Les dépense publique par habitant en Afrique de l'Est étaient de 78.6 dollars dans les années 1980, à égalité avec le Kenya (78,7 de dollars). Les dépenses publiques par habitant en Afrique de l'Est étaient 6,7 fois inférieures les dépense de consommation publique par habitant au Monde (523,5 US$), et 38,7% inférieures les dépenses publiques par habitant en Afrique (128,3 US$).

La croissance des dépenses publiques en Afrique de l'Est était de 2.1% dans les années 1980, à égalité avec le Vanuatu (2,1%). La croissance des dépenses publiques en Afrique de l'Est (2,1%) a été inférieure à celle du monde (2,7%), et supérieure à celle de

Chapitre XII. Dépenses publiques

l'Afrique (1,8%).

Comparaison avec les sous-régions. Les dépenses publiques d'Afrique de l'Est étaient supérieures à celles de l'Afrique de l'Ouest (8,7 milliards de dollars) et de l'Afrique centrale (7,2 milliards de dollars); mais inférieures à celles de l'Afrique du Nord (25,5 milliards de dollars) et de l'Afrique australe (15,3 milliards de dollars). Les dépense publique par habitant en Afrique de l'Est étaient supérieures à celles de l'Afrique de l'Ouest (55,7 de dollars); mais inférieures à celles de l'Afrique australe (418,2 de dollars), de l'Afrique du Nord (201,9 de dollars) et de l'Afrique centrale (119,6 de dollars). La croissance des dépenses publiques en Afrique de l'Est était supérieure à celle de l'Afrique centrale (2,1%), de l'Afrique du Nord (0,77%) et de l'Afrique de l'Ouest (-0,22%); mais inférieure à celle de l'Afrique australe (4,2%).

Les leaders. Les dépense de consommation publique d'Afrique de l'Est dans les années 1980 comprennent: Tanzanie (22,6%), Zimbabwe (21,4%), Kenya (12,1%), Éthiopie (10,0%), Zambie (7,0%), autres (27,0%). La part des dépenses publiques dans le PIB des leaders: Tanzanie (32,5%), Zimbabwe (27,3%), Zambie (26,2%), Éthiopie (15,0%), Kenya (14,7%). Les dépense de consommation publique par habitant en Afrique de l'Est parmi les leaders: Zimbabwe (311,6 US$), Tanzanie (134,7 US$), Zambie (131,6 US$), Kenya (78,7 US$), Éthiopie (30,3 US$). La croissance des dépenses publiques en Afrique de l'Est parmi les leaders: Zimbabwe (7,1%), Éthiopie (1,8%), Kenya (1,8%), Tanzanie (0,33%), Zambie (-0,76%).

Les années 1990

Les dépenses publiques d'Afrique de l'Est étaient de 10,8 milliards de dollars par an dans les années 1990 à égalité avec Hong Kong (10,9 milliards de dollars), la Colombie (10,6 milliards de dollars). La part dans le monde était de 0,23% et de 12,1% en Afrique.

La part des dépenses publiques dans le PIB d'Afrique de l'Est était de 15,0% dans les années 1990, à égalité avec l'Asie centrale (15,0%), le Burundi (15,0%), les États-Unis (15,0%).

Les dépenses publiques par habitant en Afrique de l'Est étaient de 49.9 dollars dans les années 1990, à égalité avec le Ghana (50,1 de dollars), le Tadjikistan (49,4 de dollars), l'Asie du Sud (48,9 de dollars). Les dépense publique par habitant en Afrique de l'Est étaient 16,5 fois inférieures les dépense de consommation publique par habitant au Monde (824,8 US$), et 2,5 fois inférieures les dépense de consommation publique par habitant en Afrique (126,1 US$).

La croissance des dépenses publiques en Afrique de l'Est était de 2.5% dans les années 1990, à égalité avec le Salvador (2,5%), l'Asie de l'Ouest (2,5%), l'Afrique du Nord (2,5%). La croissance des dépenses publiques en Afrique de l'Est (2,5%) a été supérieure à celle du monde (2,0%), et supérieure à celle de l'Afrique (1,6%).

Comparaison avec les sous-régions. Les dépense publique d'Afrique de l'Est étaient supérieures à celles de l'Afrique centrale (9,1 milliards de dollars) et de l'Afrique de l'Ouest (8,1 milliards de dollars); mais inférieures à celles de l'Afrique du Nord (31,8 milliards de dollars) et de l'Afrique australe (29,4 milliards de dollars). Les dépense publique par habitant en Afrique de l'Est étaient supérieures à celles de l'Afrique de l'Ouest (39,8 de dollars); mais inférieures à celles de l'Afrique australe (631,1 de dollars), de l'Afrique du Nord (199,4 de dollars) et de l'Afrique centrale (111,0 de dollars). La croissance des dépenses publiques en Afrique de l'Est était supérieure à celle de l'Afrique de l'Ouest (1,2%), de l'Afrique australe (1,0%) et de l'Afrique centrale (-0,32%); mais inférieure à celle de l'Afrique du Nord (2,5%).

Les leaders. Les dépenses publiques d'Afrique de l'Est dans les années 1990 comprennent: Zimbabwe (24,0%), Kenya (15,5%), Tanzanie (10,9%), Éthiopie (8,8%), Ouganda (6,8%), autres (34,0%). La part des dépenses publiques dans le PIB des leaders: Zimbabwe (22,5%), Tanzanie (13,9%), Kenya (13,1%), Ouganda (12,6%), Éthiopie (10,7%). Les dépense de consommation publique par habitant en Afrique de l'Est parmi les leaders: Zimbabwe (229,5 US$), Kenya (61,0 US$), Tanzanie (40,5 US$), Ouganda (36,7 US$), Éthiopie (16,8 US$). La croissance des dépenses publiques en Afrique de l'Est parmi les leaders: Ouganda (7,3%), Kenya (6,5%), Éthiopie (2,6%), Tanzanie (-1,5%), Zimbabwe (-2,9%).

Les années 2000

Les dépense publique d'Afrique de l'Est étaient de 16,4 milliards de dollars par an dans les années 2000 à égalité avec la Roumanie (16,8 milliards de dollars). La part dans le monde était de 0,21% et de 11,0% en Afrique.

La part des dépenses publiques dans le PIB d'Afrique de l'Est était de 13,4% dans les années 2000, à égalité avec l'Afrique (13,4%), l'Afrique du Nord (13,5%), l'Algérie (13,4%).

Les dépenses publiques par habitant en Afrique de l'Est étaient de 57.6 dollars dans les années 2000, à égalité avec le Niger (57,1 de dollars). Les dépenses publiques par habitant en Afrique de l'Est étaient 20,9 fois inférieures les dépense publique par habitant au Monde (1 200,9 US$), et 2,9 fois inférieures les dépense de consommation publique par habitant en Afrique (164,8 US$).

La croissance des dépenses publiques en Afrique de l'Est était de 5.2% dans les années 2000, à égalité avec l'Andorre (5,2%), le Turkménistan (5,2%), les Bermudes (5,2%). La croissance des dépenses publiques en Afrique de l'Est (5,2%) a été supérieure à celle du monde (3,1%), et supérieure à celle de l'Afrique (5,0%).

Comparaison avec les sous-régions. Les dépenses publiques d'Afrique de l'Est étaient supérieures à celles de l'Afrique centrale (13,7 milliards de dollars); mais inférieures à celles de l'Afrique du Nord (52,0 milliards de dollars), de l'Afrique australe (45,2 milliards de dollars) et de l'Afrique de l'Ouest (22,2 milliards de dollars). Les dépense publique par habitant en Afrique de l'Est étaient inférieures à celles de l'Afrique australe (830,5 de dollars), de l'Afrique du Nord (273,2 de dollars), de l'Afrique centrale (123,1 de dollars) et de l'Afrique de l'Ouest (83,5 de dollars). La croissance des dépenses publiques en Afrique de l'Est était supérieure à celle de l'Afrique australe (4,5%), de l'Afrique du Nord (3,6%) et de l'Afrique centrale (2,0%); mais inférieure à celle de l'Afrique de l'Ouest (12,3%).

Les leaders. Les dépense de consommation publique d'Afrique de l'Est dans les années 2000 comprennent: Kenya (20,5%), Tanzanie (12,8%), Éthiopie (10,7%), Mozambique (8,4%), Ouganda (8,3%), autres (39,3%). La part des dépenses publiques dans le PIB des leaders: Mozambique (16,5%), Kenya (14,5%), Éthiopie (12,4%), Ouganda (11,9%), Tanzanie (11,3%). Les dépenses publiques par habitant en Afrique de l'Est parmi les leaders: Kenya (93,1 US$), Mozambique (68,0 US$), Tanzanie (55,4 US$), Ouganda (49,7 US$), Éthiopie (23,4 US$). La croissance des dépenses publiques en Afrique de l'Est parmi les leaders: Mozambique (10,7%), Tanzanie (10,0%), Ouganda (4,9%), Éthiopie (3,5%), Kenya (3,4%).

Les années 2010

Les dépense de consommation publique d'Afrique de l'Est étaient de 41,3 milliards de dollars par an dans les années 2010 à égalité avec le Portugal (41,3 milliards de dollars), l'Irlande (41,9 milliards de dollars), la Malaisie (40,6 milliards de dollars). La part dans le monde était de 0,32% et de 12,6% en Afrique.

La part des dépenses publiques dans le PIB d'Afrique de l'Est était de 13,1% dans les années 2010, à égalité avec le Chili (13,1%).

Les dépense publique par habitant en Afrique de l'Est étaient de 107.4 dollars dans les années 2010, à égalité avec le Togo (106,0 de dollars). Les dépense publique par habitant en Afrique de l'Est étaient 16,6 fois inférieures les dépense de consommation publique par habitant au Monde (1 785,1 US$), et 2,6 fois inférieures les dépense de consommation publique par habitant en Afrique (281,0 US$).

La croissance des dépenses publiques en Afrique de l'Est était de 7.4% dans les années 2010. La croissance des dépenses publiques en Afrique de l'Est (7,4%) a été supérieure à celle du monde (2,3%), et supérieure à celle de l'Afrique (3,0%).

Comparaison avec les sous-régions. Les dépense publique d'Afrique de l'Est étaient 19,6% supérieures à celles de l'Afrique centrale (34,5 milliards de dollars); mais 2,8 fois inférieures à celles de l'Afrique du Nord (115,2 milliards de dollars), 49,7% inférieures à celles de l'Afrique australe (82,0 milliards de dollars) et 25,5% inférieures à celles de l'Afrique de l'Ouest (55,4 milliards de dollars). Les dépenses publiques par habitant en Afrique de l'Est étaient 12,2 fois inférieures à celles de l'Afrique australe (1 311,7 de dollars), 4,8 fois inférieures à celles de l'Afrique du Nord (520,4 de dollars), 2,1 fois inférieures à celles de l'Afrique centrale (226,6 de dollars) et 32,5% inférieures à celles de l'Afrique de l'Ouest (159,2 de dollars). La croissance des dépenses publiques en Afrique de l'Est était supérieure à celle de l'Afrique du Nord (2,7%), de l'Afrique de l'Ouest (2,3%), de l'Afrique centrale (2,3%) et de l'Afrique australe (2,1%).

Les leaders. Les dépenses publiques d'Afrique de l'Est dans les années 2010 comprennent: Kenya (21,1%), Éthiopie (13,9%), Tanzanie (10,8%), Zimbabwe (9,3%), Mozambique (8,2%), autres (36,7%). La part des dépenses publiques dans le PIB des leaders: Mozambique (22,9%), Zimbabwe (20,2%), Kenya (13,5%), Éthiopie (9,8%), Tanzanie (9,2%). Les dépenses publiques par habitant en Afrique de l'Est parmi les leaders: Zimbabwe (280,8 US$), Kenya (184,5 US$), Mozambique (126,4 US$), Tanzanie (87,4 US$), Éthiopie (57,5 US$). La croissance des dépenses publiques en Afrique de l'Est parmi les leaders: Zimbabwe (16,2%), Éthiopie (11,8%), Mozambique (10,9%), Kenya (5,4%), Tanzanie (3,5%).

Chapitre XIII. Dépenses ménagères

Dépenses de consommation des ménages

Les dépenses ménagères d'Afrique de l'Est sont passés de 23,8 milliards de dollars par an dans les années 1970 à 226,8 milliards de dollars par an dans les années 2010, c'est-à-dire 203,0 milliards de dollars ou de 9,5 fois. La variation a été de 110,5 milliards de dollars en raison de l'augmentation de 1,9 fois des prix, et de 40,5 milliards de dollars en raison de la croissance du taux par habitant de 1,5 fois, et de 52,0 milliards de dollars en raison de la croissance démographique. La croissance annuelle moyenne des dépenses ménagères était de 4,0%. La valeur minimale était de 13,6 milliards de dollars en 1970. La valeur maximale était de 290,1 milliards de dollars en 2019.

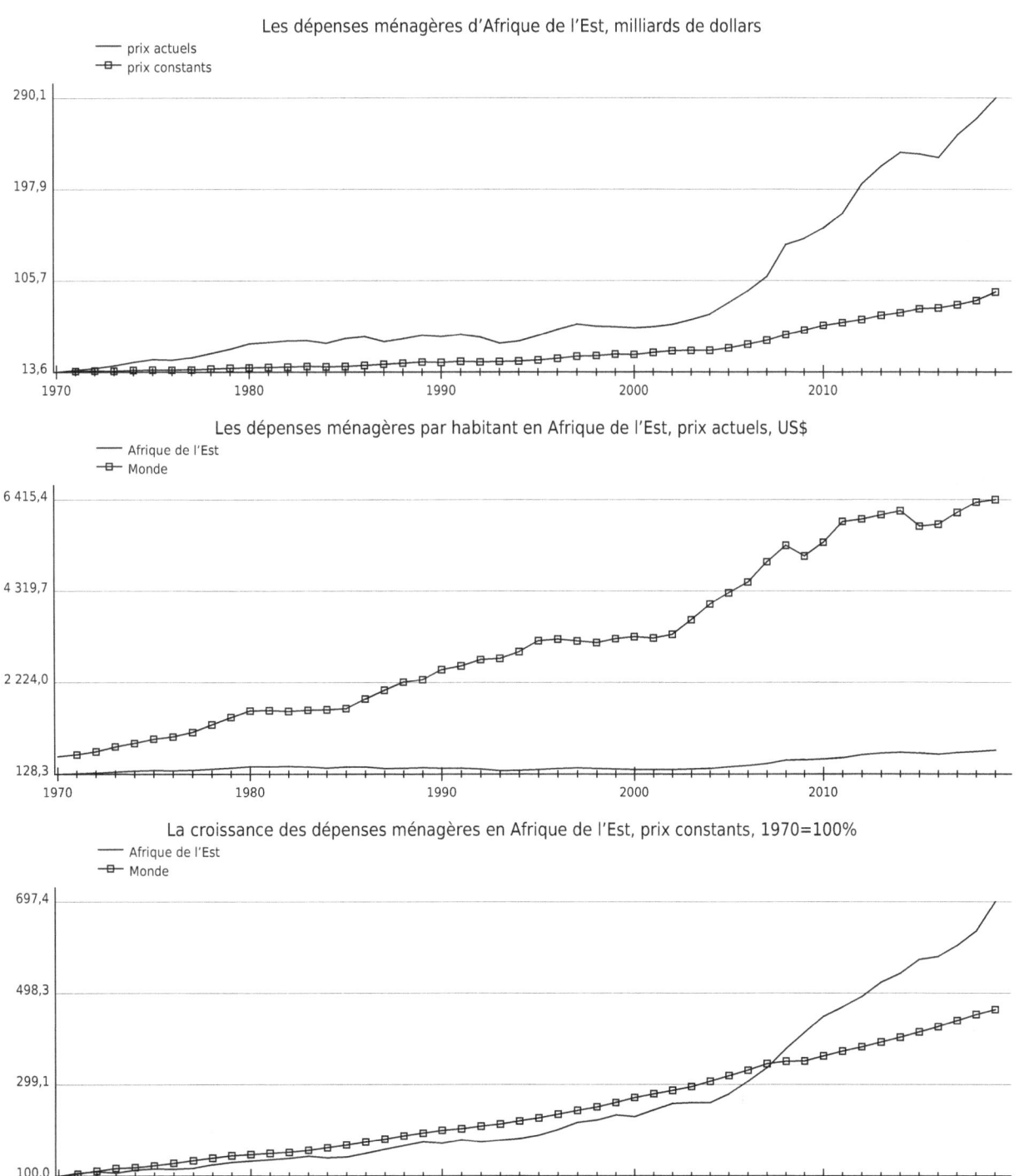

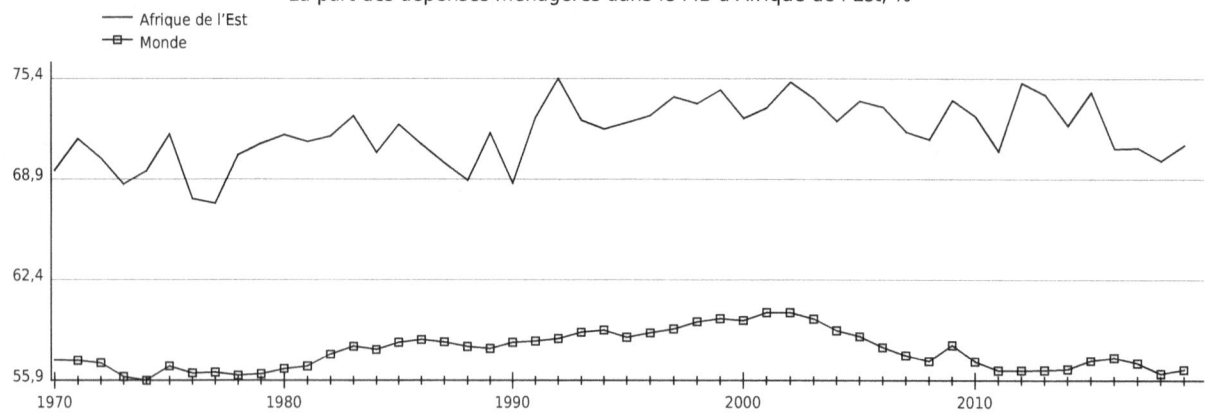

Les années 1970

Les dépenses ménagères d'Afrique de l'Est étaient de 23,8 milliards de dollars par an dans les années 1970. La part dans le monde était de 0,64% et de 21,4% en Afrique.

La part des dépenses ménagères dans le PIB d'Afrique de l'Est était de 69,8% dans les années 1970, à égalité avec le Cameroun (69,6%), le Portugal (70,0%), Malte (70,0%).

Les dépenses ménagères par habitant en Afrique de l'Est étaient de 197.3 dollars dans les années 1970, à égalité avec le Pakistan (197,7 de dollars), Sierra Leone (199,0 de dollars). Les dépenses ménagères par habitant en Afrique de l'Est étaient 4,6 fois inférieures les dépenses ménagères par habitant au Monde (914,8 US$), et 27,2% inférieures les dépenses ménagères par habitant en Afrique (271,0 US$).

La croissance des dépenses ménagères en Afrique de l'Est était de 2.9% dans les années 1970, à égalité avec la Micronésie (2,9%). La croissance des dépenses ménagères en Afrique de l'Est (2,9%) a été inférieure à celle du monde (4,1%), et inférieure à celle de l'Afrique (4,1%).

Comparaison avec les sous-régions. Les dépenses ménagères d'Afrique de l'Est étaient supérieures à celles de l'Afrique de l'Ouest (22,8 milliards de dollars), de l'Afrique australe (20,5 milliards de dollars) et de l'Afrique centrale (12,6 milliards de dollars); mais inférieures à celles de l'Afrique du Nord (31,5 milliards de dollars). Les dépenses ménagères par habitant en Afrique de l'Est étaient supérieures à celles de l'Afrique de l'Ouest (191,4 de dollars); mais inférieures à celles de l'Afrique australe (725,1 de dollars), de l'Afrique du Nord (326,5 de dollars) et de l'Afrique centrale (276,6 de dollars). La croissance des dépenses ménagères en Afrique de l'Est était supérieure à celle de l'Afrique centrale (1,4%); mais inférieure à celle de l'Afrique du Nord (6,2%), de l'Afrique de l'Ouest (4,2%) et de l'Afrique australe (3,5%).

Les leaders. Les dépenses ménagères d'Afrique de l'Est dans les années 1970 comprennent: Mozambique (19,5%), Kenya (14,5%), Éthiopie (12,9%), Tanzanie (11,3%), Zimbabwe (11,3%), autres (30,5%). La part des dépenses ménagères dans le PIB des leaders: Mozambique (82,2%), Éthiopie (79,3%), Kenya (69,2%), Zimbabwe (59,1%), Tanzanie (59,0%). Les dépenses ménagères par habitant en Afrique de l'Est parmi les leaders: Mozambique (458,6 US$), Zimbabwe (433,0 US$), Kenya (258,1 US$), Tanzanie (171,3 US$), Éthiopie (92,3 US$). La croissance des dépenses ménagères en Afrique de l'Est parmi les leaders: Kenya (4,6%), Tanzanie (4,2%), Mozambique (3,9%), Zimbabwe (3,5%), Éthiopie (2,7%).

Les années 1980

Les dépenses ménagères d'Afrique de l'Est étaient de 45,7 milliards de dollars par an dans les années 1980 à égalité avec l'Afrique du Sud (45,4 milliards de dollars), les Caraïbes (46,7 milliards de dollars). La part dans le monde était de 0,52% et de 16,9% en Afrique.

La part des dépenses ménagères dans le PIB d'Afrique de l'Est était de 71,3% dans les années 1980, à égalité avec l'Uruguay (71,5%), la Zambie (70,9%).

Les dépenses ménagères par habitant en Afrique de l'Est étaient de 281.2 dollars dans les années 1980, à égalité avec le Yémen (284,3 de dollars), le Bhoutan (287,0 de dollars), la Tanzanie (275,2 de dollars). Les dépenses ménagères par habitant en Afrique de l'Est étaient 6,4 fois inférieures les dépenses ménagères par habitant au Monde (1 808,0 US$), et 43,5% inférieures les dépenses ménagères par habitant en Afrique (497,8 US$).

Chapitre XIII. Dépenses ménagères

La croissance des dépenses ménagères en Afrique de l'Est était de 3% dans les années 1980, à égalité avec l'Europe du Nord (3,0%), la République centrafricaine (3,0%), la Mélanésie (3,0%). La croissance des dépenses ménagères en Afrique de l'Est (3,0%) a été supérieure à celle du monde (3,0%), et supérieure à celle de l'Afrique (2,3%).

Comparaison avec les sous-régions. Les dépenses ménagères d'Afrique de l'Est étaient supérieures à celles de l'Afrique centrale (22,7 milliards de dollars); mais inférieures à celles de l'Afrique du Nord (80,8 milliards de dollars), de l'Afrique de l'Ouest (72,0 milliards de dollars) et de l'Afrique australe (48,5 milliards de dollars). Les dépenses ménagères par habitant en Afrique de l'Est étaient inférieures à celles de l'Afrique australe (1 323,0 de dollars), de l'Afrique du Nord (640,4 de dollars), de l'Afrique de l'Ouest (460,7 de dollars) et de l'Afrique centrale (376,3 de dollars). La croissance des dépenses ménagères en Afrique de l'Est était supérieure à celle de l'Afrique de l'Ouest (-0,82%); mais inférieure à celle de l'Afrique du Nord (4,5%), de l'Afrique australe (3,4%) et de l'Afrique centrale (3,1%).

Les leaders. Les dépenses ménagères d'Afrique de l'Est dans les années 1980 comprennent: Kenya (15,8%), Éthiopie (14,6%), Tanzanie (12,9%), Zimbabwe (12,4%), Mozambique (12,0%), autres (32,3%). La part des dépenses ménagères dans le PIB des leaders: Mozambique (87,4%), Éthiopie (78,1%), Kenya (69,1%), Tanzanie (66,4%), Zimbabwe (56,7%). Les dépenses ménagères par habitant en Afrique de l'Est parmi les leaders: Zimbabwe (648,1 US$), Mozambique (438,1 US$), Kenya (369,7 US$), Tanzanie (275,2 US$), Éthiopie (157,3 US$). La croissance des dépenses ménagères en Afrique de l'Est parmi les leaders: Tanzanie (8,6%), Kenya (3,9%), Zimbabwe (3,0%), Éthiopie (1,0%), Mozambique (0,12%).

Les années 1990

Les dépenses ménagères d'Afrique de l'Est étaient de 52,5 milliards de dollars par an dans les années 1990 à égalité avec le Pakistan (52,0 milliards de dollars). La part dans le monde était de 0,31% et de 13,9% en Afrique.

La part des dépenses ménagères dans le PIB d'Afrique de l'Est était de 73,0% dans les années 1990, à égalité avec la République centrafricaine (73,0%), le Ghana (73,0%), le Sénégal (73,4%).

Les dépenses ménagères par habitant en Afrique de l'Est étaient de 242.8 dollars dans les années 1990, à égalité avec le Tchad (243,0 de dollars), le Malawi (243,0 de dollars), l'Érythrée (244,9 de dollars). Les dépenses ménagères par habitant en Afrique de l'Est étaient 12,2 fois inférieures les dépenses ménagères par habitant au Monde (2 963,9 US$), et 2,2 fois inférieures les dépenses ménagères par habitant en Afrique (532,7 US$).

La croissance des dépenses ménagères en Afrique de l'Est était de 2.9% dans les années 1990. La croissance des dépenses ménagères en Afrique de l'Est (2,9%) a été inférieure à celle du monde (3,0%), et supérieure à celle de l'Afrique (2,6%).

Comparaison avec les sous-régions. Les dépenses ménagères d'Afrique de l'Est étaient supérieures à celles de l'Afrique centrale (28,1 milliards de dollars); mais inférieures à celles de l'Afrique du Nord (136,0 milliards de dollars), de l'Afrique australe (91,2 milliards de dollars) et de l'Afrique de l'Ouest (69,6 milliards de dollars). Les dépenses ménagères par habitant en Afrique de l'Est étaient inférieures à celles de l'Afrique australe (1 953,8 de dollars), de l'Afrique du Nord (851,7 de dollars), de l'Afrique centrale (341,9 de dollars) et de l'Afrique de l'Ouest (341,8 de dollars). La croissance des dépenses ménagères en Afrique de l'Est était supérieure à celle de l'Afrique australe (2,5%) et de l'Afrique centrale (-1,2%); mais inférieure à celle de l'Afrique du Nord (3,2%) et de l'Afrique de l'Ouest (3,1%).

Les leaders. Les dépenses ménagères d'Afrique de l'Est dans les années 1990 comprennent: Kenya (18,2%), Éthiopie (13,2%), Zimbabwe (13,0%), Tanzanie (12,4%), Ouganda (8,0%), autres (35,3%). La part des dépenses ménagères dans le PIB des leaders: Éthiopie (78,4%), Tanzanie (76,8%), Kenya (74,6%), Ouganda (71,8%), Zimbabwe (59,5%). Les dépenses ménagères par habitant en Afrique de l'Est parmi les leaders: Zimbabwe (606,1 US$), Kenya (348,4 US$), Tanzanie (223,3 US$), Ouganda (208,2 US$), Éthiopie (123,1 US$). La croissance des dépenses ménagères en Afrique de l'Est parmi les leaders: Ouganda (7,4%), Tanzanie (4,1%), Kenya (3,2%), Éthiopie (2,4%), Zimbabwe (1,9%).

Les années 2000

Les dépenses ménagères d'Afrique de l'Est étaient de 89,6 milliards de dollars par an dans les années 2000 à égalité avec le Pakistan (89,9 milliards de dollars). La part dans le monde était de 0,33% et de 13,4% en Afrique.

La part des dépenses ménagères dans le PIB d'Afrique de l'Est était de 73,1% dans les années 2000, à égalité avec le Mozambique (72,9%), Micronésie (73,4%), la Somalie (72,8%).

Les dépenses ménagères par habitant en Afrique de l'Est étaient de 313.8 dollars dans les années 2000, à égalité avec l'Ouganda

(308,2 de dollars), le Tadjikistan (319,7 de dollars). Les dépenses ménagères par habitant en Afrique de l'Est étaient 13,4 fois inférieures les dépenses ménagères par habitant au Monde (4 208,2 US$), et 2,3 fois inférieures les dépenses ménagères par habitant en Afrique (735,9 US$).

La croissance des dépenses ménagères en Afrique de l'Est était de 5.9% dans les années 2000, à égalité avec la République dominicaine (5,8%), la Gambie (5,9%), le Kosovo (5,9%). La croissance des dépenses ménagères en Afrique de l'Est (5,9%) a été supérieure à celle du monde (3,0%), et inférieure à celle de l'Afrique (6,0%).

Comparaison avec les sous-régions. Les dépenses ménagères d'Afrique de l'Est étaient supérieures à celles de l'Afrique centrale (49,1 milliards de dollars); mais inférieures à celles de l'Afrique du Nord (209,4 milliards de dollars), de l'Afrique de l'Ouest (174,5 milliards de dollars) et de l'Afrique australe (144,6 milliards de dollars). Les dépenses ménagères par habitant en Afrique de l'Est étaient inférieures à celles de l'Afrique australe (2 657,3 de dollars), de l'Afrique du Nord (1 099,8 de dollars), de l'Afrique de l'Ouest (658,0 de dollars) et de l'Afrique centrale (442,5 de dollars). La croissance des dépenses ménagères en Afrique de l'Est était supérieure à celle de l'Afrique centrale (5,3%), de l'Afrique du Nord (4,8%) et de l'Afrique australe (4,1%); mais inférieure à celle de l'Afrique de l'Ouest (8,3%).

Les leaders. Les dépenses ménagères d'Afrique de l'Est dans les années 2000 comprennent: Kenya (19,9%), Tanzanie (14,2%), Éthiopie (12,2%), Ouganda (9,4%), Zimbabwe (7,6%), autres (36,7%). La part des dépenses ménagères dans le PIB des leaders: Zimbabwe (87,4%), Éthiopie (77,2%), Kenya (76,7%), Ouganda (73,9%), Tanzanie (67,9%). Les dépenses ménagères par habitant en Afrique de l'Est parmi les leaders: Zimbabwe (562,8 US$), Kenya (491,3 US$), Tanzanie (333,8 US$), Ouganda (308,2 US$), Éthiopie (145,2 US$). La croissance des dépenses ménagères en Afrique de l'Est parmi les leaders: Éthiopie (9,0%), Ouganda (6,1%), Tanzanie (5,6%), Zimbabwe (4,0%), Kenya (3,3%).

Les années 2010

Les dépenses ménagères d'Afrique de l'Est étaient de 226,8 milliards de dollars par an dans les années 2010 à égalité avec l'Iran (231,5 milliards de dollars), l'Autriche (221,9 milliards de dollars). La part dans le monde était de 0,51% et de 15,0% en Afrique.

La part des dépenses ménagères dans le PIB d'Afrique de l'Est était de 72,2% dans les années 2010, à égalité avec les Îles Marshall (72,3%), la Serbie (72,4%), le Belize (71,7%).

Les dépenses ménagères par habitant en Afrique de l'Est étaient de 590.4 dollars dans les années 2010, à égalité avec le Togo (593,2 de dollars), la Tanzanie (596,8 de dollars), la Guinée-Bissau (581,0 de dollars). Les dépenses ménagères par habitant en Afrique de l'Est étaient 10,2 fois inférieures les dépenses ménagères par habitant au Monde (6 018,5 US$), et 2,2 fois inférieures les dépenses ménagères par habitant en Afrique (1 292,9 US$).

La croissance des dépenses ménagères en Afrique de l'Est était de 5.4% dans les années 2010, à égalité avec le Turkménistan (5,5%). La croissance des dépenses ménagères en Afrique de l'Est (5,4%) a été supérieure à celle du monde (2,8%), et supérieure à celle de l'Afrique (3,3%).

Comparaison avec les sous-régions. Les dépenses ménagères d'Afrique de l'Est étaient 78,5% supérieures à celles de l'Afrique centrale (127,0 milliards de dollars); mais 2,1 fois inférieures à celles de l'Afrique de l'Ouest (471,3 milliards de dollars), 49,5% inférieures à celles de l'Afrique du Nord (449,1 milliards de dollars) et 4,0% inférieures à celles de l'Afrique australe (236,2 milliards de dollars). Les dépenses ménagères par habitant en Afrique de l'Est étaient 6,4 fois inférieures à celles de l'Afrique australe (3 778,8 de dollars), 3,4 fois inférieures à celles de l'Afrique du Nord (2 028,7 de dollars), 2,3 fois inférieures à celles de l'Afrique de l'Ouest (1 354,7 de dollars) et 29,2% inférieures à celles de l'Afrique centrale (834,3 de dollars). La croissance des dépenses ménagères en Afrique de l'Est était supérieure à celle de l'Afrique centrale (4,4%), de l'Afrique du Nord (3,7%), de l'Afrique australe (2,4%) et de l'Afrique de l'Ouest (2,0%).

Les leaders. Les dépenses ménagères d'Afrique de l'Est dans les années 2010 comprennent: Kenya (22,8%), Éthiopie (17,9%), Tanzanie (13,4%), Ouganda (8,6%), Zimbabwe (7,1%), autres (30,3%). La part des dépenses ménagères dans le PIB des leaders: Zimbabwe (84,1%), Kenya (80,4%), Ouganda (75,2%), Éthiopie (69,3%), Tanzanie (63,1%). Les dépenses ménagères par habitant en Afrique de l'Est parmi les leaders: Zimbabwe (1 169,3 US$), Kenya (1 095,0 US$), Tanzanie (596,8 US$), Ouganda (514,0 US$), Éthiopie (406,8 US$). La croissance des dépenses ménagères en Afrique de l'Est parmi les leaders: Éthiopie (9,3%), Kenya (6,1%), Tanzanie (4,8%), Ouganda (4,8%), Zimbabwe (2,8%).

Chapitre XIV. Consommation de nourriture

Au cours de la période de recherche, la consommation alimentaire des produits suivants a augmenté: huiles végétales (de 2,4 fois), lait (de 32,8%), légumes (de 23,9%), sucre (de 13,7%), légumineuses (de 9,7%), fruits (de 6,0%), céréales (de 4,5%), racines riches (de 0,065%), mais diminué pour les produits suivants: stimulants (de 5,7%), noix (de 8,7%), viande (de 14,4%), poisson (de 16,0%), œufs (de 25,9%), alcool (de 70,2%), épices (de 82,3%).

Voici les coefficients de corrélation entre le RNB par habitant à prix constants et la consommation alimentaire: légumes (0.926), lait (0.912), huiles végétales (0.889), sucre (0.882), légumineuses (0.739), céréales (0.729), fruits (0.303), noix (0.123), stimulants (0.04), racines riches (-0.204), viande (-0.461), poisson (-0.503), œufs (-0.551), alcool (-0.693), épices (-0.788).

Les années 1970

La consommation de kcal en Afrique de l'Est était de 2 016,0 kcal/jour par habitant dans les années 1970 à égalité avec l'Algérie (2 018,2 kcal/jour par habitant), Sainte-Lucie (2 019,0 kcal/jour par habitant), le Bangladesh (2 019,4 kcal/jour par habitant). La consommation de kcal en Afrique de l'Est était inférieur à celui dans le monde (2 403,2 kcal/jour par habitant), et était inférieur à celui en Afrique (2 120,4 kcal/jour par habitant). La consommation de kcal avait la structure suivante: céréales (50.4%), racines riches (15.7%), légumineuses (6.9%), fruits (4.6%), sucre (4.4%), et d'autres (18%).

La consommation de protéines en Afrique de l'Est était de 54,9 g/jour par habitant dans les années 1970 à égalité avec la Malaisie (54,9 g/jour par habitant), l'Afrique (54,9 g/jour par habitant), le Tchad (54,8 g/jour par habitant). La consommation de protéines en Afrique de l'Est était inférieur à celui dans le monde (65,0 g/jour par habitant), et était supérieur à celui en Afrique (54,9 g/jour par habitant). La consommation de protéines avait la structure suivante: céréales (47.3%), légumineuses (16.9%), viande (9.1%), racines riches (5.7%), lait (4.9%), et d'autres (16.1%).

La consommation de graisse en Afrique de l'Est était de 31,5 g/jour par habitant dans les années 1970 à égalité avec l'Asie du Sud (31,5 g/jour par habitant), le Togo (31,6 g/jour par habitant), l'Inde (31,3 g/jour par habitant). La consommation de graisse en Afrique de l'Est était inférieur à celui dans le monde (55,1 g/jour par habitant), et était inférieur à celui en Afrique (43,8 g/jour par habitant). La consommation de graisse avait la structure suivante: céréales (24.1%), huiles végétales (20%), viande (14.3%), lait (8.8%), légumineuses (2.1%), et d'autres (30.7%).

Voici les niveaux de consommation alimentaire: racines riches (123,8 kg/habitant/an), céréales (116,3 kg/habitant/an), fruits (53,2 kg/habitant/an), alcool (51,0 kg/habitant/an), lait (30,8 kg/habitant/an), légumes (23,6 kg/habitant/an), légumineuses (14,9 kg/habitant/an), viande (12,7 kg/habitant/an), sucre (9,3 kg/habitant/an), poisson (5,7 kg/habitant/an), huiles végétales (2,3 kg/habitant/an), œufs (1,3 kg/habitant/an), stimulants (1,1 kg/habitant/an), épices (1,0 kg/habitant/an), noix (0,67 kg/habitant/an).

Les années 1980

La consommation de kcal en Afrique de l'Est était de 2 005,1 kcal/jour par habitant dans les années 1980 à égalité avec l'Afrique de l'Ouest (2 009,4 kcal/jour par habitant), la Bolivie (2 012,2 kcal/jour par habitant), le Soudan (1 997,9 kcal/jour par habitant). La consommation de kcal en Afrique de l'Est était inférieur à celui dans le monde (2 572,3 kcal/jour par habitant), et était inférieur à celui en Afrique (2 241,9 kcal/jour par habitant). La consommation de kcal avait la structure suivante: céréales (50.2%), racines riches (17%), légumineuses (6.3%), fruits (5.2%), sucre (4.5%), et d'autres (16.8%).

La consommation de protéines en Afrique de l'Est était de 52,2 g/jour par habitant dans les années 1980 à égalité avec la Gambie (52,1 g/jour par habitant), le Burkina Faso (52,6 g/jour par habitant). La consommation de protéines en Afrique de l'Est était inférieur à celui dans le monde (69,1 g/jour par habitant), et était inférieur à celui en Afrique (57,5 g/jour par habitant). La consommation de protéines avait la structure suivante: céréales (49.2%), légumineuses (16.3%), viande (8.8%), racines riches (6.1%), lait (5.3%), et d'autres (14.3%).

La consommation de graisse en Afrique de l'Est était de 31,1 g/jour par habitant dans les années 1980. La consommation de graisse en Afrique de l'Est était inférieur à celui dans le monde (63,2 g/jour par habitant), et était inférieur à celui en Afrique (46,6 g/jour par habitant). La consommation de graisse avait la structure suivante: huiles végétales (28.6%), céréales (24%), viande (13.5%), lait (9%), légumineuses (1.9%), et d'autres (23%).

Voici les niveaux de consommation alimentaire: racines riches (130,2 kg/habitant/an), céréales (114,9 kg/habitant/an), fruits (58,0 kg/habitant/an), alcool (39,1 kg/habitant/an), lait (31,7 kg/habitant/an), légumes (22,0 kg/habitant/an), légumineuses (13,6 kg/habitant/an), viande (11,8 kg/habitant/an), sucre (9,4 kg/habitant/an), poisson (5,6 kg/habitant/an), huiles végétales (3,3 kg/habitant/an), œufs (1,2 kg/habitant/an), stimulants (1,0 kg/habitant/an), épices (0,79 kg/habitant/an), noix (0,51 kg/habitant/an).

Les années 1990

La consommation de kcal en Afrique de l'Est était de 1 913,5 kcal/jour par habitant dans les années 1990 à égalité avec le Nicaragua (1 914,0 kcal/jour par habitant), la République centrafricaine (1 908,7 kcal/jour par habitant), l'Afrique centrale (1 906,7 kcal/jour par habitant). La consommation de kcal en Afrique de l'Est était inférieur à celui dans le monde (2 652,6 kcal/jour par habitant), et était inférieur à celui en Afrique (2 365,6 kcal/jour par habitant). La consommation de kcal avait la structure suivante: céréales (50.2%), racines riches (16.6%), légumineuses (6.2%), fruits (5.3%), huiles végétales (5%), et d'autres (16.7%).

La consommation de protéines en Afrique de l'Est était de 48,9 g/jour par habitant dans les années 1990 à égalité avec Madagascar (48,9 g/jour par habitant), l'Ouganda (48,7 g/jour par habitant), le Togo (49,2 g/jour par habitant). La consommation de protéines en Afrique de l'Est était inférieur à celui dans le monde (72,1 g/jour par habitant), et était inférieur à celui en Afrique (60,1 g/jour par habitant). La consommation de protéines avait la structure suivante: céréales (50.6%), légumineuses (16%), viande (8.3%), racines riches (6.8%), lait (5%), et d'autres (13.3%).

La consommation de graisse en Afrique de l'Est était de 31,2 g/jour par habitant dans les années 1990 à égalité avec le Viêt Nam (31,5 g/jour par habitant). La consommation de graisse en Afrique de l'Est était inférieur à celui dans le monde (69,0 g/jour par habitant), et était inférieur à celui en Afrique (48,6 g/jour par habitant). La consommation de graisse avait la structure suivante: huiles végétales (34.8%), céréales (21%), viande (13.8%), lait (8.3%), légumineuses (1.9%), et d'autres (20.2%).

Voici les niveaux de consommation alimentaire: racines riches (121,2 kg/habitant/an), céréales (110,1 kg/habitant/an), fruits (54,6 kg/habitant/an), alcool (33,9 kg/habitant/an), lait (28,2 kg/habitant/an), légumes (22,8 kg/habitant/an), légumineuses (12,8 kg/habitant/an), viande (10,6 kg/habitant/an), sucre (9,0 kg/habitant/an), poisson (5,0 kg/habitant/an), huiles végétales (4,0 kg/habitant/an), œufs (1,00 kg/habitant/an), stimulants (0,74 kg/habitant/an), épices (0,69 kg/habitant/an), noix (0,56 kg/habitant/an).

Les années 2000

La consommation de kcal en Afrique de l'Est était de 2 054,2 kcal/jour par habitant dans les années 2000 à égalité avec le Zimbabwe (2 057,2 kcal/jour par habitant), l'Angola (2 047,0 kcal/jour par habitant), le Mozambique (2 072,7 kcal/jour par habitant). La consommation de kcal en Afrique de l'Est était inférieur à celui dans le monde (2 765,9 kcal/jour par habitant), et était inférieur à celui en Afrique (2 509,9 kcal/jour par habitant). La consommation de kcal avait la structure suivante: céréales (49.7%), racines riches (16.3%), légumineuses (6.7%), huiles végétales (5.6%), fruits (5%), et d'autres (16.7%).

La consommation de protéines en Afrique de l'Est était de 53,0 g/jour par habitant dans les années 2000 à égalité avec les Salomon (53,2 g/jour par habitant). La consommation de protéines en Afrique de l'Est était inférieur à celui dans le monde (76,5 g/jour par habitant), et était inférieur à celui en Afrique (65,1 g/jour par habitant). La consommation de protéines avait la structure suivante: céréales (49.8%), légumineuses (16.9%), viande (7.7%), racines riches (7.2%), lait (5.8%), et d'autres (12.6%).

La consommation de graisse en Afrique de l'Est était de 34,3 g/jour par habitant dans les années 2000. La consommation de graisse en Afrique de l'Est était inférieur à celui dans le monde (76,9 g/jour par habitant), et était inférieur à celui en Afrique (52,8 g/jour par habitant). La consommation de graisse avait la structure suivante: huiles végétales (38.1%), céréales (18.3%), viande (13%), lait (9.2%), légumineuses (2.1%), et d'autres (19.3%).

Voici les niveaux de consommation alimentaire: racines riches (125,3 kg/habitant/an), céréales (116,4 kg/habitant/an), fruits (57,5 kg/habitant/an), lait (35,4 kg/habitant/an), alcool (29,7 kg/habitant/an), légumes (23,5 kg/habitant/an), légumineuses (14,8 kg/habitant/an), viande (10,7 kg/habitant/an), sucre (10,1 kg/habitant/an), huiles végétales (4,8 kg/habitant/an), poisson (4,2 kg/habitant/an), œufs (0,91 kg/habitant/an), stimulants (0,77 kg/habitant/an), épices (0,70 kg/habitant/an), noix (0,53 kg/habitant/an).

Les années 2010

La consommation de kcal en Afrique de l'Est était de 2 159,3 kcal/jour par habitant dans les années 2010 à égalité avec l'Ouganda (2 167,0 kcal/jour par habitant), le Zimbabwe (2 168,8 kcal/jour par habitant), la république du Congo (2 173,5 kcal/jour par habitant). La consommation de kcal en Afrique de l'Est était inférieur à celui dans le monde (2 869,3 kcal/jour par habitant), et était inférieur à celui en Afrique (2 612,5 kcal/jour par habitant). La consommation de kcal avait la structure suivante: céréales (49.4%), racines riches

Chapitre XIV. Consommation de nourriture

(15.3%), légumineuses (7%), huiles végétales (6.1%), sucre (4.7%), et d'autres (17.5%).

La consommation de protéines en Afrique de l'Est était de 57,0 g/jour par habitant dans les années 2010 à égalité avec le Timor oriental (57,1 g/jour par habitant), l'Eswatini (57,1 g/jour par habitant), le Tadjikistan (57,2 g/jour par habitant). La consommation de protéines en Afrique de l'Est était inférieur à celui dans le monde (80,6 g/jour par habitant), et était inférieur à celui en Afrique (69,0 g/jour par habitant). La consommation de protéines avait la structure suivante: céréales (48.2%), légumineuses (17.5%), viande (7.4%), racines riches (6.7%), lait (6.2%), et d'autres (14%).

La consommation de graisse en Afrique de l'Est était de 38,6 g/jour par habitant dans les années 2010. La consommation de graisse en Afrique de l'Est était inférieur à celui dans le monde (82,4 g/jour par habitant), et était inférieur à celui en Afrique (54,7 g/jour par habitant). La consommation de graisse avait la structure suivante: huiles végétales (38.4%), céréales (16.6%), viande (12.1%), lait (9.3%), légumineuses (2.1%), et d'autres (21.5%).

Voici les niveaux de consommation alimentaire: racines riches (123,9 kg/habitant/an), céréales (121,6 kg/habitant/an), fruits (56,4 kg/habitant/an), lait (40,9 kg/habitant/an), alcool (30,0 kg/habitant/an), légumes (29,2 kg/habitant/an), légumineuses (16,3 kg/habitant/an), viande (11,1 kg/habitant/an), sucre (10,6 kg/habitant/an), huiles végétales (5,4 kg/habitant/an), poisson (4,9 kg/habitant/an), stimulants (1,0 kg/habitant/an), œufs (1,0 kg/habitant/an), noix (0,62 kg/habitant/an), épices (0,57 kg/habitant/an).

Partie V. Reproduction

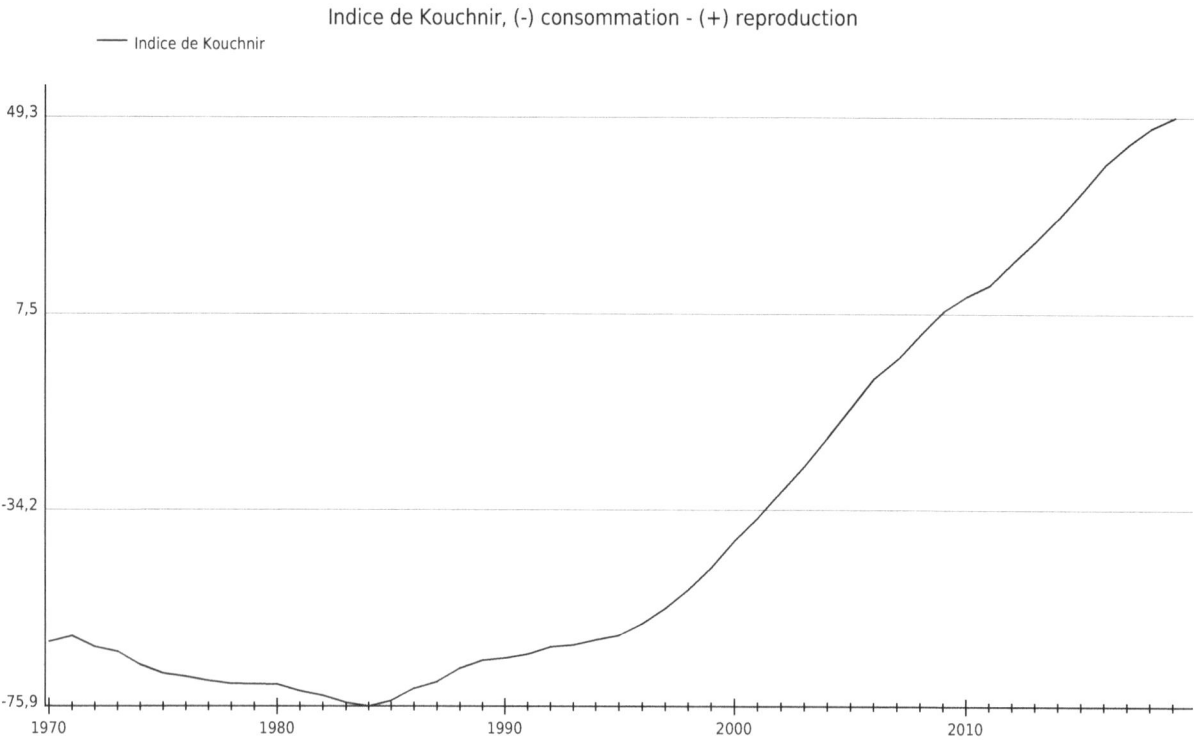

Chapitre XV. Formation de capital fixe

Formation brute de capital fixe

La formation de capital d'Afrique de l'Est est passé de 5,2 milliards de dollars par an dans les années 1970 à 82,9 milliards de dollars par an dans les années 2010, c'est-à-dire 77,6 milliards de dollars ou de 15,8 fois. La variation a été de 51,1 milliards de dollars en raison de l'augmentation de 2,6 fois des prix, et de 15,1 milliards de dollars en raison de la croissance du taux par habitant de 1,9 fois, et de 11,4 milliards de dollars en raison de la croissance démographique. La croissance annuelle moyenne de la formation de capital était de 4,7%. La valeur minimale était de 3,2 milliards de dollars en 1970. La valeur maximale était de 114,2 milliards de dollars en 2019.

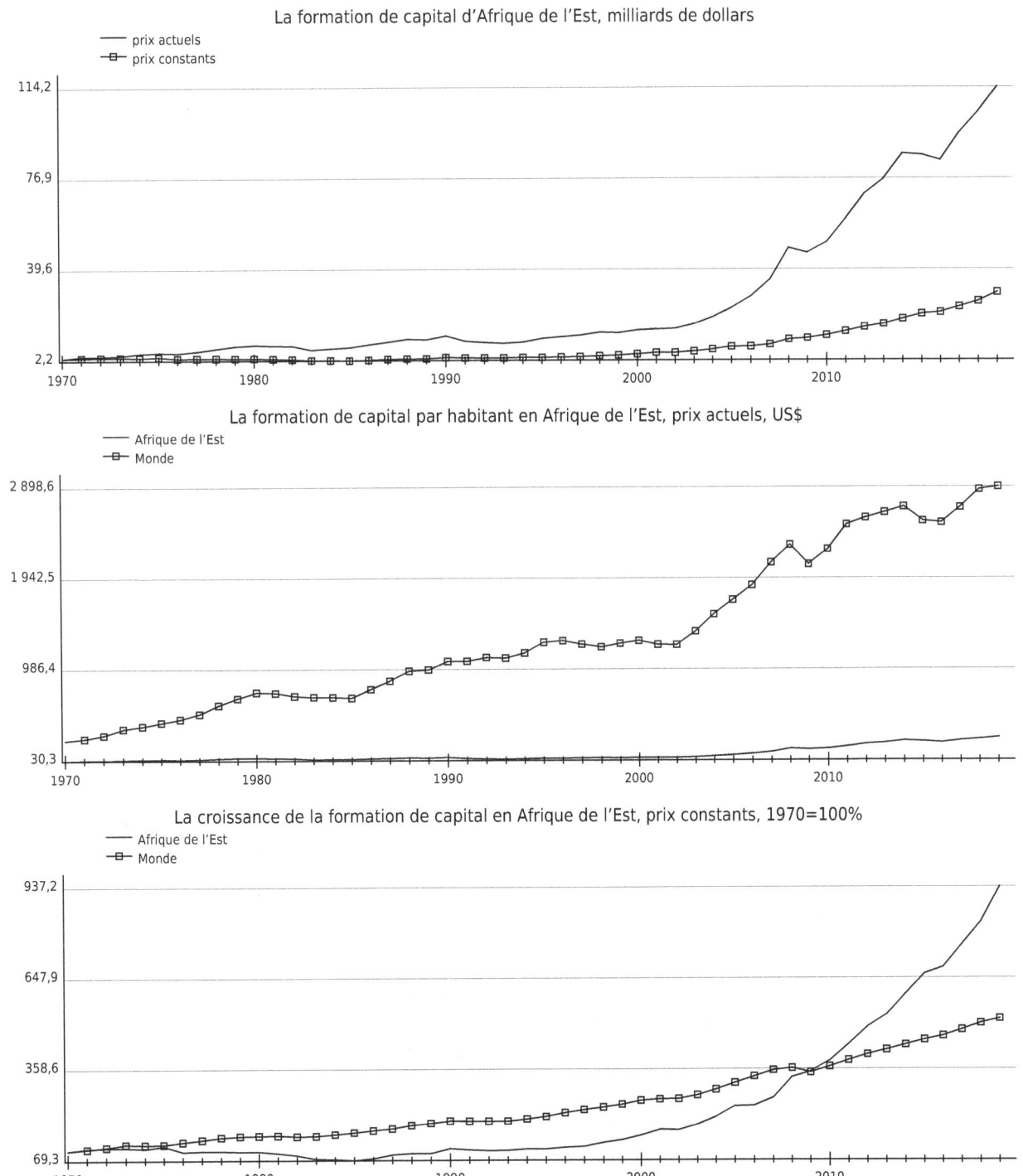

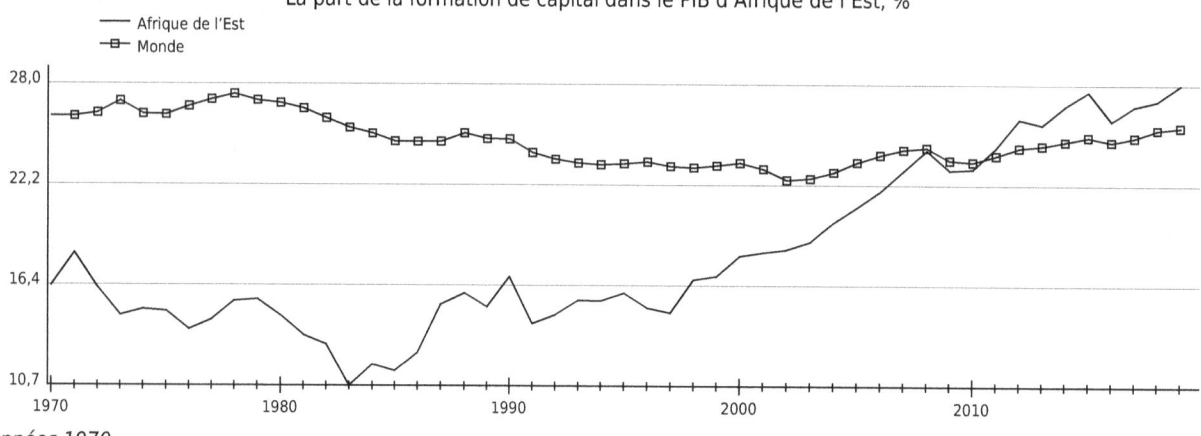

La part de la formation de capital dans le PIB d'Afrique de l'Est, %

Les années 1970

La formation de capital d'Afrique de l'Est était de 5,2 milliards de dollars par an dans les années 1970. La part dans le monde était de 0,30% et de 4,4% en Afrique.

La part de la formation de capital dans le PIB d'Afrique de l'Est était de 15,3% dans les années 1970, à égalité avec le Tchad (15,4%).

La formation de capital par habitant en Afrique de l'Est était de 43.3 dollars dans les années 1970. La formation de capital par habitant en Afrique de l'Est était 10,0 fois inférieure la formation de capital par habitant au Monde (433,5 US$), et 6,7 fois inférieure la formation de capital par habitant en Afrique (289,8 US$).

La croissance de la formation brute de capital fixe en Afrique de l'Est était de -0.3% dans les années 1970. La croissance de la formation brute de capital fixe en Afrique de l'Est (-0,32%) a été inférieure à celle du monde (4,2%), et inférieure à celle de l'Afrique (7,1%).

Comparaison avec les sous-régions. La formation de capital d'Afrique de l'Est était inférieure à celle de l'Afrique de l'Ouest (82,0 milliards de dollars), de l'Afrique du Nord (15,9 milliards de dollars), de l'Afrique australe (10,1 milliards de dollars) et de l'Afrique centrale (5,7 milliards de dollars). La formation de capital fixe par habitant en Afrique de l'Est était inférieure à celle de l'Afrique de l'Ouest (687,4 de dollars), de l'Afrique australe (357,0 de dollars), de l'Afrique du Nord (164,8 de dollars) et de l'Afrique centrale (126,3 de dollars). La croissance de la formation brute de capital fixe en Afrique de l'Est était inférieure à celle de l'Afrique du Nord (9,5%), de l'Afrique de l'Ouest (8,5%), de l'Afrique australe (3,7%) et de l'Afrique centrale (2,5%).

Les leaders. La formation de capital d'Afrique de l'Est dans les années 1970 comprenait: Tanzanie (24,1%), Kenya (17,3%), Mozambique (13,3%), Ouganda (12,3%), Éthiopie (7,2%), autres (25,7%). La part de la formation brute de capital fixe dans le PIB des leaders: Tanzanie (27,7%), Ouganda (26,3%), Kenya (18,1%), Mozambique (12,4%), Éthiopie (9,7%). La formation de capital par habitant en Afrique de l'Est parmi les leaders: Tanzanie (80,5 US$), Mozambique (69,1 US$), Kenya (67,5 US$), Ouganda (60,2 US$), Éthiopie (11,3 US$). La croissance de la formation de capital en Afrique de l'Est parmi les leaders: Tanzanie (4,2%), Mozambique (3,9%), Kenya (3,1%), Éthiopie (-0,78%), Ouganda (-1,6%).

Les années 1980

La formation de capital d'Afrique de l'Est était de 8,6 milliards de dollars par an dans les années 1980. La part dans le monde était de 0,23% et de 4,4% en Afrique.

La part de la formation de capital dans le PIB d'Afrique de l'Est était de 13,5% dans les années 1980, à égalité avec le Soudan (13,4%), l'Éthiopie (13,4%), l'Afghanistan (13,3%).

La formation de capital fixe par habitant en Afrique de l'Est était de 53.2 dollars dans les années 1980, à égalité avec le Bénin (52,7 de dollars), le Burkina Faso (54,2 de dollars). La formation de capital par habitant en Afrique de l'Est était 14,9 fois inférieure la formation de capital par habitant au Monde (790,9 US$), et 6,8 fois inférieure la formation de capital par habitant en Afrique (362,0 US$).

La croissance de la formation de capital en Afrique de l'Est était de -0.7% dans les années 1980. La croissance de la formation de capital en Afrique de l'Est (-0,67%) a été inférieure à celle du monde (2,5%), et supérieure à celle de l'Afrique (-3,3%).

Comparaison avec les sous-régions. La formation de capital d'Afrique de l'Est était inférieure à celle de l'Afrique de l'Ouest (118,6

Chapitre XV. Formation de capital fixe

milliards de dollars), de l'Afrique du Nord (38,3 milliards de dollars), de l'Afrique australe (20,8 milliards de dollars) et de l'Afrique centrale (9,8 milliards de dollars). La formation de capital par habitant en Afrique de l'Est était inférieure à celle de l'Afrique de l'Ouest (759,4 de dollars), de l'Afrique australe (566,4 de dollars), de l'Afrique du Nord (303,5 de dollars) et de l'Afrique centrale (162,8 de dollars). La croissance de la formation brute de capital fixe en Afrique de l'Est était supérieure à celle de l'Afrique du Nord (-1,2%), de l'Afrique centrale (-1,3%) et de l'Afrique de l'Ouest (-6,7%); mais inférieure à celle de l'Afrique australe (0,63%).

Les leaders. La formation de capital fixe d'Afrique de l'Est dans les années 1980 comprenait: Tanzanie (25,4%), Kenya (20,1%), Éthiopie (13,2%), Mozambique (7,3%), Ouganda (6,5%), autres (27,5%). La part de la formation de capital dans le PIB des leaders: Tanzanie (24,8%), Kenya (16,6%), Éthiopie (13,4%), Ouganda (11,2%), Mozambique (10,1%). La formation de capital par habitant en Afrique de l'Est parmi les leaders: Tanzanie (102,8 US$), Kenya (88,7 US$), Mozambique (50,6 US$), Ouganda (38,6 US$), Éthiopie (26,9 US$). La croissance de la formation brute de capital fixe en Afrique de l'Est parmi les leaders: Éthiopie (8,2%), Ouganda (5,7%), Kenya (-0,36%), Tanzanie (-4,4%), Mozambique (-4,9%).

Les années 1990

La formation de capital fixe d'Afrique de l'Est était de 11,3 milliards de dollars par an dans les années 1990 à égalité avec le Pakistan (11,1 milliards de dollars), la Nouvelle-Zélande (11,5 milliards de dollars). La part dans le monde était de 0,17% et de 9,2% en Afrique.

La part de la formation de capital dans le PIB d'Afrique de l'Est était de 15,7% dans les années 1990.

La formation de capital par habitant en Afrique de l'Est était de 52.2 dollars dans les années 1990, à égalité avec le Laos (52,5 de dollars). La formation de capital fixe par habitant en Afrique de l'Est était 22,7 fois inférieure la formation de capital par habitant au Monde (1 183,8 US$), et 3,3 fois inférieure la formation de capital par habitant en Afrique (173,2 US$).

La croissance de la formation brute de capital fixe en Afrique de l'Est était de 3.9% dans les années 1990, à égalité avec l'Océanie (3,9%). La croissance de la formation brute de capital fixe en Afrique de l'Est (3,9%) a été supérieure à celle du monde (2,8%), et supérieure à celle de l'Afrique (3,2%).

Comparaison avec les sous-régions. La formation de capital d'Afrique de l'Est était supérieure à celle de l'Afrique centrale (7,9 milliards de dollars); mais inférieure à celle de l'Afrique du Nord (43,2 milliards de dollars), de l'Afrique de l'Ouest (34,1 milliards de dollars) et de l'Afrique australe (26,1 milliards de dollars). La formation de capital fixe par habitant en Afrique de l'Est était inférieure à celle de l'Afrique australe (559,4 de dollars), de l'Afrique du Nord (270,7 de dollars), de l'Afrique de l'Ouest (167,7 de dollars) et de l'Afrique centrale (96,4 de dollars). La croissance de la formation de capital en Afrique de l'Est était supérieure à celle de l'Afrique de l'Ouest (3,0%), de l'Afrique du Nord (2,6%) et de l'Afrique australe (1,5%); mais inférieure à celle de l'Afrique centrale (7,6%).

Les leaders. La formation de capital fixe d'Afrique de l'Est dans les années 1990 comprenait: Tanzanie (20,9%), Kenya (18,2%), Ouganda (10,7%), Éthiopie (10,7%), Maurice (8,6%), autres (30,8%). La part de la formation de capital dans le PIB des leaders: Tanzanie (27,9%), Maurice (25,2%), Ouganda (20,7%), Kenya (16,1%), Éthiopie (13,7%). La formation de capital par habitant en Afrique de l'Est parmi les leaders: Maurice (871,0 US$), Tanzanie (81,1 US$), Kenya (75,0 US$), Ouganda (60,2 US$), Éthiopie (21,5 US$). La croissance de la formation brute de capital fixe en Afrique de l'Est parmi les leaders: Ouganda (8,1%), Maurice (6,5%), Tanzanie (4,8%), Kenya (3,1%), Éthiopie (-1,0%).

Les années 2000

La formation de capital d'Afrique de l'Est était de 26,3 milliards de dollars par an dans les années 2000 à égalité avec l'Algérie (26,3 milliards de dollars), le Chili (26,2 milliards de dollars), l'Asie centrale (26,6 milliards de dollars). La part dans le monde était de 0,24% et de 10,3% en Afrique.

La part de la formation de capital dans le PIB d'Afrique de l'Est était de 21,5% dans les années 2000, à égalité avec les Amériques (21,4%), les Pays-Bas (21,4%), le Bénin (21,5%).

La formation de capital fixe par habitant en Afrique de l'Est était de 92 dollars dans les années 2000, à égalité avec le Cambodge (92,4 de dollars), Madagascar (91,2 de dollars). La formation de capital fixe par habitant en Afrique de l'Est était 18,4 fois inférieure la formation de capital par habitant au Monde (1 690,7 US$), et 3,1 fois inférieure la formation de capital fixe par habitant en Afrique (280,9 US$).

La croissance de la formation de capital en Afrique de l'Est était de 10.1% dans les années 2000, à égalité avec les Émirats arabes unis (10,0%), la Serbie (10,2%). La croissance de la formation brute de capital fixe en Afrique de l'Est (10,1%) a été supérieure à celle du monde (3,5%), et supérieure à celle de l'Afrique (5,6%).

Comparaison avec les sous-régions. La formation de capital fixe d'Afrique de l'Est était supérieure à celle de l'Afrique centrale (25,7 milliards de dollars); mais inférieure à celle de l'Afrique du Nord (94,3 milliards de dollars), de l'Afrique de l'Ouest (62,5 milliards de dollars) et de l'Afrique australe (45,8 milliards de dollars). La formation de capital par habitant en Afrique de l'Est était inférieure à celle de l'Afrique australe (842,8 de dollars), de l'Afrique du Nord (495,7 de dollars), de l'Afrique de l'Ouest (235,5 de dollars) et de l'Afrique centrale (231,7 de dollars). La croissance de la formation de capital en Afrique de l'Est était supérieure à celle de l'Afrique australe (7,2%), de l'Afrique du Nord (6,7%), de l'Afrique centrale (5,8%) et de l'Afrique de l'Ouest (2,1%).

Les leaders. La formation de capital fixe d'Afrique de l'Est dans les années 2000 comprenait: Tanzanie (20,5%), Kenya (16,3%), Éthiopie (13,6%), Ouganda (11,4%), Zambie (9,0%), autres (29,1%). La part de la formation brute de capital fixe dans le PIB des leaders: Tanzanie (28,8%), Ouganda (26,2%), Zambie (26,0%), Éthiopie (25,2%), Kenya (18,4%). La formation de capital par habitant en Afrique de l'Est parmi les leaders: Zambie (202,3 US$), Tanzanie (141,5 US$), Kenya (118,1 US$), Ouganda (109,4 US$), Éthiopie (47,4 US$). La croissance de la formation de capital en Afrique de l'Est parmi les leaders: Éthiopie (16,1%), Zambie (11,9%), Tanzanie (11,3%), Ouganda (10,4%), Kenya (8,0%).

Les années 2010

La formation de capital fixe d'Afrique de l'Est était de 82,9 milliards de dollars par an dans les années 2010 à égalité avec Singapour (81,0 milliards de dollars). La part dans le monde était de 0,43% et de 16,1% en Afrique.

La part de la formation brute de capital fixe dans le PIB d'Afrique de l'Est était de 26,4% dans les années 2010, à égalité avec Bahreïn (26,4%), la Tchéquie (26,1%), Sao Tomé-et-Principe (26,1%).

La formation de capital fixe par habitant en Afrique de l'Est était de 215.7 dollars dans les années 2010, à égalité avec le Népal (219,2 de dollars), les Comores (210,4 de dollars). La formation de capital par habitant en Afrique de l'Est était 12,2 fois inférieure la formation de capital par habitant au Monde (2 621,1 US$), et 2,0 fois inférieure la formation de capital par habitant en Afrique (440,4 US$).

La croissance de la formation brute de capital fixe en Afrique de l'Est était de 10.4% dans les années 2010, à égalité avec le Népal (10,3%), les Tuvalu (10,3%), la Birmanie (10,5%). La croissance de la formation de capital en Afrique de l'Est (10,4%) a été supérieure à celle du monde (4,1%), et supérieure à celle de l'Afrique (3,1%).

Comparaison avec les sous-régions. La formation de capital fixe d'Afrique de l'Est était 5,6% supérieure à celle de l'Afrique australe (78,4 milliards de dollars) et 33,2% supérieure à celle de l'Afrique centrale (62,2 milliards de dollars); mais 2,1 fois inférieure à celle de l'Afrique du Nord (170,8 milliards de dollars) et 31,1% inférieure à celle de l'Afrique de l'Ouest (120,2 milliards de dollars). La formation de capital fixe par habitant en Afrique de l'Est était 5,8 fois inférieure à celle de l'Afrique australe (1 254,8 de dollars), 3,6 fois inférieure à celle de l'Afrique du Nord (771,6 de dollars), 47,2% inférieure à celle de l'Afrique centrale (408,5 de dollars) et 37,6% inférieure à celle de l'Afrique de l'Ouest (345,5 de dollars). La croissance de la formation de capital en Afrique de l'Est était supérieure à celle de l'Afrique de l'Ouest (2,9%), de l'Afrique du Nord (2,2%), de l'Afrique australe (1,2%) et de l'Afrique centrale (-0,89%).

Les leaders. La formation de capital d'Afrique de l'Est dans les années 2010 comprenait: Éthiopie (24,9%), Tanzanie (21,1%), Kenya (15,0%), Zambie (9,3%), Ouganda (7,9%), autres (21,7%). La part de la formation brute de capital fixe dans le PIB des leaders: Tanzanie (36,3%), Éthiopie (35,3%), Zambie (32,1%), Ouganda (25,4%), Kenya (19,3%). La formation de capital fixe par habitant en Afrique de l'Est parmi les leaders: Zambie (493,5 US$), Tanzanie (343,1 US$), Kenya (263,1 US$), Éthiopie (207,0 US$), Ouganda (173,7 US$). La croissance de la formation brute de capital fixe en Afrique de l'Est parmi les leaders: Éthiopie (20,8%), Tanzanie (12,4%), Zambie (7,7%), Ouganda (5,7%), Kenya (5,4%).

www.ingramcontent.com/pod-product-compliance
Lightning Source LLC
Chambersburg PA
CBHW080523220526
45465CB00006B/2577